CONSCIÊNCIA E SUBJETIVIDADE

EM JEAN-PAUL SARTRE

CONSCIÊNCIA E SUBJETIVIDADE EM JEAN-PAUL SARTRE

Luis Carlos Ribeiro Alves

1ª Edição

Pentecoste - CE
Edição do Autor
2013

Dados Internacionais de catalogação na Publicação (CIP)
(Ficha Catalográfica elaborada pelo Autor)

A474co

ALVES, Luís Carlos Ribeiro. Consciência e Subjetividade
em Jean-Paul Sartre./ Luís Carlos Ribeiro Alves. – 1ª Ed.
Pentecoste, CE. Edição do Autor, 2013
190 p. : Il.
ISBN: 978-85-915127-2-0

● Filosofia -
Consciência 2. Fenomenologia – Existencialismo . I.
Título.
CDD 100
CDU 130-1

Índice para catálogo sistemático:

A Consciência e a Subjetividade na Obra "O Ser e o Nada" de Jean-

Paul Sartre.

Filosofia

À memória de meu avô João Martins Ribeiro

Sou aquele que se escapa sempre que se tenta alcançar, inconformado, mas simplesmente um grande ser inventivo de si mesmo. Sou um ser metamorfoseado a cada instante. Consciência em transformação; vida, morte e nascimento, dor, lamento, alegrias.... Talvez seja apenas um poeta filósofo sonhador, mas sigo tentado ser o que dirão um dia que fui.

O Autor

Sumário

INTRODUÇÃO

Dentre as inúmeras problemáticas que estão no campo de acesso da filosofia uma que sempre despertou constantemente minha atenção foi o problema da anterioridade da consciência do ponto de vista ontológico em relação à constituição fundamental da existência, à medida em que, esta se constitui no eixo capaz de fundar a própria existência do indivíduo frente as inúmeras situações que acontecem em sua vida.

Assim, ao longo de alguns anos me dediquei a pesquisar esta temática, aí tomamos a temática da consciência desde as suas bases histórico-filosóficas na Grécia antiga, passando pela Modernidade, momento no qual essa ideia veio realmente a ganhar mais espaço, no que concerne às linhas de pesquisa do campo filosófico. Retomamos a temática da consciência no momento que lhe antecede do ponto de vista ontológico: o momento da subjetividade, na medida em que entendemos subjetividade pela compreensão individualista das coisas e dos fatos, de modo a tornar todas as coisas relativas a própria visão do sujeito, o que torna este momento anterior do ponto de vistas ontológico da consciência.

Após tomarmos a compreensão da consistência na dimensão da subjetividade registramos a passagem de um momento a outro na ontologia tradicional, de modo a passarmos por pensadores clássicos no que se refere a temática que analisamos. Desde Platão na Grécia clássica, que embora não tenha utilizado o termo apresentou as bases para a compreensão que temos hodiernamente; passando por pensadores fundamentais a temática, tais como Descartes, Kant, Hegel e Husserl; de modo a esclarecer-nos a compreensão da temática do ponto de vista da historicidade, assim como a mudança de compreensão com o advento da filosofia transcendental e posteriormente da fenomenologia, para finalmente alcançarmos o ponto que cremos ser fundamental para o problema da consciência e da subjetividade na história da filosofia contemporânea, o pensamento de Jean-Paul Sartre (1905-1980) acerca da referida temática.

Na filosofia de Sartre analisaremos desde as obras pré-ontológicas até sua obra máxima: *O Ser e o Nada*, onde o filósofo apresenta as referências fundamentais e o desenvolvimento de sua teoria que aponta a anterioridade da consciência, no que concerne a reflexão ontológica.

Nas obras pré-ontológicas, ou seja, nas que antecedem a *O Ser e o Nada,* Sartre apresenta as bases para a reflexão que desenvolverá em sua principal obra filosófica e, é a partir da análise destas que podemos compreender o desenvolvimento de sua teoria referente a temática da consciência, esta que é ponto forte em todas as suas obras, que possuem tanto um embasamento metafísico como psicológico.

Embora sua reflexão não consista numa reflexão puramente metafísica, o pensador analisa a temática relacionando-a constantemente a filosofia transcendental, assim como à fenomenologia, de modo que ele próprio subintitula a sua obra principal de *Ensaio de ontologia fenomenológica*, para assim dizer que sua produção não estava limitada a uma reflexão pragmática, no que se refere à filosofia fenomenológica e existencialista, escola a que o próprio autor se incluiu durante toda a sua produção teórica.

Sua obra, enquanto análise fenomenológica das categorias fundamentais da existência, não se limita a utilizar o método fenomenológico para conduzir a investigação acerca da questão da relação entre Ser e Nada; não temendo abranger uma reflexão ontológica dessa relação, profundamente necessárias para a compreensão da consciência, além de outras temáticas analisadas pelo pensador, tais como, as questões da liberdade, da vergonha, do outro, da moral, de modo que a temática que escolhemos para nosso trabalho de conclusão de curso vem a ser central para a reflexão destes outros temas, tornando-se assim primordial na compreensão geral da obra do autor.

Alguns dos textos que aparecem neste livro apareceram pela primeira vez, um pouco modificados na forma de artigos científicos para revistas especializadas em Filosofia e Psicologia.

No primeiro capítulo faremos uma retomada do conceito de consciência desde o seu surgimento, nos utilizando de uma análise historiográfica, desde a filosofia grega, passando pelo pensamento de grandes autores, com ênfase na modernidade, período do qual analisamos a filosofia de Descartes, Kant e Hegel, compreensões fundamentais para uma boa compreensão da teoria sartriana para a consciência.

No segundo capitulo analisamos os principais aspectos da fenomenologia, corrente da filosofia que foi fundamental para Sartre e da qual ele teve muitas influências em suas teorias; dessa corrente de pensamento analisamos os elementos do *Cogito* e da *Consciência* como elementos fundantes da fenomenologia de Husserl.

Já no terceiro capitulo nos dedicaremos a analisar os conceitos fundamentais de homem, fundados por Heidegger, na sua reflexão sobre o Dasein, a consciência presente ao mundo que nada mais é que o homem, ser que se faz na contingencia de sua própria ação e pensamentos. É um ser não pronto que se faz, elemento este que irá influenciar fortemente a Sartre.

No quarto capitulo iniciamos a análise da obra de Sartre, desde as suas obras da juventude, denominadas, pré-ontológicas, em razão de antecederem a sua grande ontologia que é o ser e nada. Ali abordamos as principais inquietações do jovem Sartre em relação a consciência e a subjetividade.

No quinto capitulo passamos a uma abordagem mais especifica da ontologia fenomenológica de Sartre, o seu *O Ser e o Nada* em que o autor discute precisamente suas concepções de consciência e subjetividade, agora já maduras.

Por fim no ultimo capitulo abordamos uma temática muito cara a Sartre que é a questão da temporalidade e da transcendentalidade da consciência no mundo, com ênfase no aspecto relacional do homem com os outros mediado pela consciência, já como uma abertura a intersubjetividade, em vias da criação de uma psicanalise existencial, esta que oferecemos um breve artigo sobre a mesma como apêndice a esta obra.

Nosso trabalho procura apresentar, portanto, as bases para a compreensão do pensamento sartriano, no que concerne a sua ontologia fenomenológica da consciência e poderá, dessa forma, servir a muitas pessoas que anseiem por conhecer sua obra e ainda não se consideram suficientemente aptos a mergulhar diretamente em seus textos.

1 – DA SUBJETIVIDADE À CONSCIÊNCIA

Neste capítulo objetivamos analisar o surgimento da consciência, tomando como sua origem a anterioridade da subjetividade, enquanto consiste num momento de primeira descoberta do sujeito enquanto centralidade do pensamento. Começaremos nossa investigação a partir da localização do surgimento da temática da consciência, assim como da subjetividade, na história da filosofia ocidental, enfatizando o papel da subjetividade como momento crucial à constituição da consciência do sujeito; em seguida passaremos aos principais teóricos do tema e que foram cruciais aos trabalhos posteriores de Jean-Paul Sartre, entre eles Descartes, Kant e Hegel que contribuíram intensamente à investigação da consciência; destacando de suas teorias o momento da passagem da subjetividade à consciência.

1.1 O Princípio da Subjetividade e o Surgimento da Consciência.

Ao longo da história da humanidade e, sobretudo, ao longo da história da filosofia ocidental, foram sendo formulados diversos conceitos para os mais variados temas e que poderiam abranger o maior número de situações da vida humana. Dentre os inúmeros temas de tais especulações está aquele que despertou nosso interesse de estudar mais profundamente, o *problema* da *consciência*, que já na antiguidade era entendida em sentido gnosiológico, ou seja, epistemológica ou de investigação do conhecimento, o qual se processaria entre um sujeito conhecedor e um objeto conhecido; como algo interno ao ser humano que o guia frente às normas formuladas pela sociedade em que vive e nas relações com os outros. Esse tema pode ser visto através de inúmeras compreensões; a aqui tomada, consiste num ponto de vista filosófico, dado que, para o senso comum, tem um sentido bem mais simplificado e superficial em relação ao seu uso filosófico.

Já nos filósofos gregos podemos encontrar referências a uma noção básica de consciência, a qual é bem diferente da nossa compreensão atual. Na filosofia platônica, por exemplo, a expressão que mais se aproxima da ideia de consciência que temos hoje, é quando apresenta a relação da alma consigo mesma para dar significado ao termo opinião ou pensamento em geral.

Platão o apresenta em *Sofista*, utilizando-se do personagem do *estrangeiro*, que o pensamento é uma conversação da alma consigo mesma (Sofista, 263) o que confirma em outros diálogos, como em *Teeteto*, nas palavras de Sócrates, como imagina a alma no ato de pensar, este ato se constituiria numa espécie de diálogo com perguntas e respostas, afirmando ou negando, "eis o que denominamos opinião." (Teeteto, 189).

Também em *Filebo* considerará que o homem não deve viver somente do prazer e entendendo este como "Bem", pois lhe faltaria o fundamental: a lembrança, a opinião verdadeira e o raciocínio, o que equivale dizer que para Platão a consciência se resumia ao conjunto das atividades cognitivas do ser humano. Já para Aristóteles a consciência não mais representa um conjunto dos fenômenos cognitivos, mas o fato de o sujeito ter plena ciência das percepções que lhe vem dos sentidos, por exemplo, o sentir que se vê é advindo do sentido da visão assim como as demais percepções nos vem dos demais órgãos sensoriais (Acerca del alma, III, 2, 425 b 12)

Portanto, Aristóteles pensa a noção de consciência como oposto a ideia de inconsciente, na forma como o entendemos hodiernamente. Estar consciente, para Aristóteles é ter plena convicção daquilo que se está experienciando por meio dos diversos órgãos sensoriais.

Mas foi, sobretudo, a partir do Renascimento que este tema passou a ser objeto de maiores investigações, tanto científicas como filosóficas por parte dos mais diversos campos intelectuais da época e é em René Descartes, filósofo francês do século XVII que podemos encontrar uma das mais radicais teses sobre o papel da consciência em relação ao sujeito e à sua existência. Claro que não podemos deixar de lembrar grandes baluartes da filosofia dos períodos anteriores como Santo Agostinho e Santo Tomás de Aquino, que também realizaram investigações acerca deste tema, sendo, no entanto muito mais atrelados nesta investigação a uma preocupação teológica.

No período que costumamos classificar como *filosofia moderna* a grande maioria dos filósofos dedicou-se a produzir teorias sobre o conhecimento humano, ou seja, uma epistemologia, ciência do conhecimento que tinha como questionamento fundamental o problema de como adquirimos o conhecimento, o que das coisas de fato podemos conhecer e é deste ponto que se pode fundar a questão que é de nosso interesse neste estudo, o papel da consciência no conhecimento do mundo e das coisas e até que ponto ela determina o nosso conhecimento e nossa relação com o mundo.

No entanto, para alcançarmos tal ponto, far-se-á necessário trilhar todo o caminho da consciência, desde os seus pressupostos. E o pressuposto fundamental para sua compreensão é o conceito de subjetividade. Tomaremos, portanto, tal conceito para que assim possamos, sobretudo nos grandes filósofos da modernidade, perceber onde se dá a passagem da subjetividade para a consciência.

> É uma característica que distingue todos os fenômenos e os abarca a todos em sua extensão [...] aplica-se também a todos os momentos da representação que implicam uma intervenção acentuada do sujeito [...] a tendência ao subjetivismo: é [...] "a ideia de que não há verdade absoluta, verdade em si, e toda certeza é puramente pessoal, porque toda verdade é puramente subjetiva". (LANLANDE, 1999,p. 1060-1)

Dentre os principais personagens que merecem destaque, deste que pode ser chamado de 'o período epistemológico da filosofia', e que o marcaram por meio de suas teorias acerca do conhecimento humano, temos René Descartes, considerado o pai da filosofia moderna pela mudança de paradigma que realizou, fazendo ingressar um novo paradigma com sua enorme preocupação em dar uma boa e convincente fundamentação para o conhecimento humano e que destacaremos mais um pouco da sua importância logo a seguir, onde dedicaremos parte deste capítulo a este filósofo e, em especial, à mudança de olhar que representou na filosofia todo o seu pensamento enfatizando em sua obra a passagem do eixo da subjetividade que permeia sua teoria até a descoberta da primeira verdade metafísica à consciência que começará a determinar sua teoria a partir das verdades que seguem a verdade absoluta do *Cogito*. Outros teóricos do conhecimento humano neste período foram John Locke e David Hume, grandes expoentes do empirismo que se opunham as teorias cartesianas e dos demais racionalistas, defendendo uma suposta origem de todo o conhecimento humano na experiência, fundamentando a partir daí suas teorias, negando entre outras ideias racionalistas a existência de ideias inatas.

Destacam-se ainda, num período posterior às discussões entre racionalistas e empiristas, dois outros personagens que geralmente são apresentados como oponentes entre si no que concerne a suas formas de pensar: Immanuel Kant, que afirma ter sido despertado de seu grande sono intelectual pelo pensamento de David Hume, com a sua *Crítica da Razão Pura*, procurou estabelecer um critério de síntese entre as duas teorias, a saber, racionalista e empirista, traçando também uma grande linha divisória entre os conhecimentos científicos e as meras formulações metafísicas.

Por fim, o filósofo alemão Hegel que, com a elaboração de sua *Fenomenologia do Espirito* formula uma nova ofensiva ao pensamento cético, assim como o fizeram tanto empiristas quanto racionalistas, além de elaborar um grandioso sistema onde a consciência, que já é um estágio evolutivo da alma humana, entendendo-se por alma aqui a mesma ideia de subjetividade a que nos referimos anteriormente, de seu modo mais simples, evolui dialeticamente até transformar-se em espírito; mais adiante daremos mais ênfase ao pensamento de Hegel em sua grande aventura pelo mundo da consciência, dado que, a esta aventura em particular, dedicaremos também uma pequena parte deste capítulo.

Cabe, antes de partimos para as análises diretas dos pensadores modernos fundamentais a nosso trabalho, verificar o conceito de consciência a partir dos Dicionários de Filosofia, visto que já analisamos o de subjetividade e, porque neste momento se faz cabível apresentá-lo, de modo que facilitará nosso trabalho logo adiante.

> Uma relação da alma consigo mesma, de uma relação intrínseca ao homem, "interior" ou "espiritual" pela qual ele pode *conhecer-se* de modo imediato e privilegiado e por isso *julgar-se* de forma segura e infalível. [...] supõe o

reconhecimento da realidade dessa esfera e da sua natureza privilegiada [...] é toda a vida espiritual do homem em todas as suas manifestações [...] sua esfera, portanto é a mesma do *eu* como sujeito [...] é auto evidência existencial do eu. (ABBAGNANO, 1999, pp. 185-188.)

É a esta mudança de categoria que se constitui no próprio fundamento do homem que nos deteremos a analisar a seguir. Neste momento é crucial a percepção da diferenciação entre o que é a subjetividade, enquanto atitude do sujeito de perceber e julgar tudo a partir de si próprio, fundando seus conhecimentos unicamente a partir de seu próprio julgamento, e a consciência enquanto objetividade pela qual o homem espiritual/cognoscente relaciona-se consigo mesmo de forma segura, tendo de si próprio evidências claras.

1.2 Descartes.

Descartes, ao iniciar sua investigação filosófica depois de ter percebido "que, desde meus primeiros anos, recebera muitas falsas opiniões como verdadeiras" (DESCARTES, 1979, p.85), se propõe a duvidar de tudo aquilo que não se apresentar clara e distintamente. No *Discurso do Método* ele narrará sua aventura, que teve seu ponto de partida numa profunda insatisfação pessoal com os conhecimentos e a formas como estes eram transmitidos em seu tempo e por achar que tais conhecimentos possuíam bases sem uma fundamentação firme; resolve procurar uma única ciência que tivesse um fundamento sólido que, segundo ele, "se poderia achar em mim próprio" sendo, portanto, uma ciência subjetiva cuja verdade dependesse unicamente do próprio autor da teoria.

1.2.1 *A Subjetividade ou o início da investigação*.

Para alcançar a verdade de tal ciência, Descartes começa por destruir todas as suas velhas opiniões tendo como base um único preceito central: "rejeitar como absolutamente falso tudo aquilo em que pudesse imaginar a menor dúvida"[1](DESCARTES, 1979, p.46) propõe-se a tomar algumas atitudes dentre as quais se encontram as regras de seu método que consistem em quatro, a saber: a) evitar a precipitação e a prevenção, não acolhendo jamais como verdadeira alguma coisa que não conhecesse evidentemente; b) dividir cada uma das dificuldades em quantas partes forem possíveis; c) conduzir os pensamentos por ordem, dos mais simples para os mais complexos; d) fazer enumerações e revisões de modo a não esquecer nada. São atitudes fundamentais para a investigação, as quais nosso filósofo toma em sua moral provisória, que substituiria a antiga, enquanto esta é objeto de dúvida e investigação. São eles: a) obedecer às leis e aos costumes do seu país; b) ser firme em sua ação, não desistindo de seus objetivos; c) vencer antes a si que a própria sorte e d) tentar modificar a si antes do mundo.

---

[1] A dúvida a que Descartes se propõe vai além da simples dúvida àquelas coisas que não concorda inicialmente e põe em duvida de fato, mas ela avança também sobre as coisas das quais poderia duvidar de direito.

Eis, pois, em que consiste o momento da subjetividade em Descartes, ao momento em que percebe a fragilidade de tudo aquilo que era, até então, ensinado como se fosse uma verdade fechada e decide-se a buscar uma ciência nova fundamentada em sua própria individualidade e a partir dos julgamentos formulados por ele próprio acerca do mundo e do conhecimento.

E é ainda em meio a suas investigações subjetivas que ele alcançará a primeira de suas verdades, a verdade do Cogito, ou seja, a verdade da sua própria existência, com a proposição que anuncia nas *Meditações* como sua descoberta indubitável: *"eu sou, eu existo"* que se mostra como absolutamente verdadeira em todas as vezes que a pronuncia ou apenas a concebe em sua imaginação.

1.2.2 *A passagem da subjetividade para a consciência: o "ego cogito" e as primeiras verdades.*

Após a descoberta de sua primeira verdade, o *cogito*, que o próprio Descartes identifica com o Eu ou a consciência, o racionalista passará do momento da destruição das ideias que não eram claras e distintas, o que podemos chamar de momento da destruição para um outro momento, que ele próprio chamou de reconstrução do edifício do conhecimento, agora não mais a partir de ideias sem um fundamento e fracas diante de muitas argumentações e duvidas, mas agora um novo conhecimento embasado numa verdade, a qual nem mesmo os céticos mais radicais poderiam derrubar.

A verdade primeira descoberta por Descartes em sua investigação, o *cogito*, ou a certeza da própria existência enquanto ser pensante passa a ser a verdade fundamental a toda a pesquisa cientifica e racional e o ponto de partida para a construção de todo o novo edifício do conhecimento.

É a partir desse momento que Descartes passará de uma filosofia puramente subjetiva para uma metafísica da consciência, só depois de descobrir como certa a consciência que tem de si mesmo e de sua existência, de modo que pode julgar-se de forma segura e infalivelmente. Partindo da solidão inicial do cogito, no início o filósofo ignora a existência de algo que lhe seja exterior, e da exigência do *cogito*, de algo que além de si ofereça um fundamento ontológico às coisas. Segundo Alquié (1980, p. 83) "o eu exige um ser exterior a si, e tem necessidade desse ser, visto que todas as ideias, de que é agora o único suporte ontológico, são remissão para a exterioridade. "

Partindo dessa necessidade de uma exterioridade descobre-se como *res extensa* e a seguir percebe a necessidade da existência de um infinito que é a única coisa que faz com que entendamos a ideia de finito, do que decorre a sua prova da existência de Deus.

Por fim podemos concluir acerca da filosofia cartesiana como a superação de um momento de pura subjetividade quando se propunha a "empregar toda a minha vida em cultivar minha razão, e adiantar-me o mais que pudesse, no conhecimento da verdade, segundo o método que me prescrevera" (DESCARTES, 1979, p.43), para um novo momento, que se deu ao longo do processo de reconstrução expresso diretamente pelo "ego cogito" e a descoberta das outras verdades. Em resumo a metafísica cartesiana:

> Não é mais do que a tomada de consciência refletida da nossa exigência ontológica, e da necessidade que leva à descoberta do ser o espírito desejoso de nada menosprezar dos seus próprios pensamentos; é por isso que se limita a descoberta do cogito, de Deus, e da sua intima relação. (ALQUIÉ, 1980, p.89)

Desta forma fica claro o objetivo de Descartes de relacionar todas as ideias objetivas do mundo com as estruturas do ego e de Deus, duvidando inicialmente do mundo para depois fundamentá-lo mais fortemente a partir das estruturas da consciência, e é somente com a ideia de Deus que Descartes encontrará a fundamentação firme que buscava para o mundo externo, aquela exigência crucial do cogito a que nos referimos logo acima.

O *cogito*, dessa forma, é para Descartes a verdade fundamental e o ponto de partida para toda a sua investigação filosófica e cientifica, a medida que todo o conhecimento se fundamentará e se justificará a partir da primeira certeza, que é a da minha própria existência enquanto ser pensante.

Com sua metafísica que teve como ponto de partida a dúvida hiperbólica, esta que se apresentou de forma radical como método para se chegar a uma verdade absoluta e incontestável, que seria o ponto de partida para toda a investigação cientifica e filosófica.

Entretanto sua aventura acabou por cair em dois enormes buracos, dos quais o filósofo nunca conseguiu tirar o seu próprio pensamento.

Tais são o do *solipsismo*, resultante da própria intuição do cogito, enquanto esta é a afirmação absoluta de minha existência sem a percepção das outras existências, o que determina a solidão absoluta do *eu* no mundo; e o dualismo, que divide constantemente o mundo e as diversas coisas, inclusive o próprio homem em partes: em coisa pensante e coisa extensa, em alma e corpo, finito e infinito etc.

1.3 *Kant*

Immanuel Kant é o fundador de uma nova forma de se pensar a consciência na filosofia moderna, diferentemente dos filósofos racionalistas e dos empiristas, ele funda conhecimento em dois grandes eixos da razão, os quais analisou em sua filosofia crítica, a saber, a razão teórica pura em *Crítica da Razão Pura* e a moral e os aspectos da razão mais relacionados a realidade pragmática, assim como aspectos que a razão pura não podia abranger, sobretudo referentes às crenças morais dos indivíduos, ele os tratou na sua *Crítica da Razão Prática*.

Nos propomos ao desafio de analisar apenas uma questão da *Crítica da Razão Pura*, situada na primeira parte desta obra, no que se refere a *estética transcendental*, onde o pensador irá analisar a relação do conhecimento com os objetos conhecidos.

1.3.1 *A consciência e a razão: a apercepção e o cogito.*

Para Kant essa relação entre o objeto conhecido e o conhecimento se dá através de diversos fatores, dentre os quais podemos destacar a intuição e a sensibilidade, responsáveis pela representação dos objetos no pensamento, de modo que ele determina a estética transcendental como a ciência que deve dedicar-se ao estudo de todos os princípios a priori do conhecimento sensível:

> Na Estética transcendental, nós começaremos por isolar a sensibilidade, fazendo abstração de tudo quanto o entendimento aí acrescenta e pensa por seus conceitos, de tal sorte que só fique a intuição empírica. Em segundo lugar, separaremos, também, da intuição tudo o que pertence à sensação, com o fim de ficarmos só com a intuição pura e com a forma do fenômeno, que é a única coisa que a sensibilidade nos pode dar "a priori". Resultará desta pesquisa que existem duas formas puras da intuição sensível, como princípios do conhecimento "a priori", a saber: o espaço e o tempo. (KANT. 2001. §1)

À medida que o conhecimento se dá de determinada maneira, e só pode se dar a partir de duas formas fundamentais, pela intuição sensível ou pela dedução transcendental, ambas, entretanto referem-se unicamente a forma fundamental que é a da representação, assim "O *eu penso* deve acompanhar todas as minhas representações; pois se fosse de outro modo haveria em mim algo representado que não podia pensar-se e que equivaleria a dizer: que a representação é impossível ou que pelo menos é para mim igual a nada." (KANT. 2001. §16).

A partir desse momento Kant assinala para o que ele denomina apercepção, que pode ser de dois tipos: a apercepção pura, ou primitiva, esta é a que mais nos interessa, por ser a que produz a representação eu penso e deve ser acompanhada por todas as outras representações; e a apercepção empírica, representação do mundo externo, esta representação acaba por se dependente da outra, do eu penso.

Kant culmina sua análise da apercepção e da consciência afirmando: "eu tenho consciência de uma síntese necessária "a priori" dessas representações, a que denomino unidade sintética primitiva da apercepção, sob a qual estão todas as representações que se me dão, mas à qual devem também reunir-se por meio de uma síntese." (KANT. 2001. §16).

Para Sartre, tanto Kant, como Husserl e Heidegger partiram de pontos completamente equivocados em suas investigações no que concerne a relação entre o conhecimento e o objeto, segundo ele, esses autores começam "deliberadamente pelo abstrato. Mas não se vai conseguir recuperar o concreto pela a adição ou organização dos elementos abstraídos, tanto como não se pode, [...] chegar à substância pela soma infinita de seus modos." (SARTRE. 2000. p. 44)

Entretanto Sartre acolherá muitas influências de Kant, no que se refere a sua filosofia transcendental do *eu penso* como fundamento da consciência em sua relação com o mundo, embora essas influencias se tornem bem mais claras nas suas obras pré-ontológicas que em *O Ser e o Nada*, dado que aquelas são de cunho mais fenomenológico e menos existencial e ontológico.

1.4 Hegel

Um outro momento importante da filosofia em que a subjetividade e a consciência são tratadas é a filosofia hegeliana, filosofia esta, caracterizada por um amplo sistema que abrange desde a natureza, a lógica, a história até a fenomenologia e a filosofia do espírito que se constituem no ápice de toda a filosofia de Hegel.

1.4.1 *A subjetividade na Filosofia do Espírito e na Fenomenologia.*

Para Hegel, em sua filosofia do espírito, a subjetividade consiste primordialmente num aspecto da consciência de si e da própria individualidade, tem um duplo sentido:

> a) A pura forma da unidade absoluta da consciência de si consigo mesma; só em si mesma se funda, na sua interioridade e na sua abstração (enquanto o eu é o mesmo que o eu); é a pura certeza de si mesma, que é diferente da verdade. b) A particularidade da vontade como livre-arbítrio e conteúdo contingente de quaisquer fins. (HEGEL, 1986.p. 40)

Assim, na *Fenomenologia do Espírito* Hegel apresentará, embora não diretamente um momento dominado pela subjetividade que precederá a tomada de consciência, ou melhor, o surgimento da consciência como processo rumo a uma evolução até ao Espírito absoluto. Assemelha em sua fenomenologia a subjetividade às substâncias e o sujeito à pura substância isolada do sujeito e a sua capacidade de pôr-se a si mesmo:

> [...] a substância viva é o ser, que na verdade é *sujeito,* ou - o que significa o mesmo - que é na verdade efetivo, mas só à medida que é o movimento do pôr-se-a-si-mesmo, ou a mediação consigo mesmo do tomar-se-outro. Como sujeito, é a *negatividade* pura e *simples,* e justamente por isso é o fracionamento do simples ou a duplicação oponente, que é de novo a negação dessa diversidade indiferente e de seu oposto. (HEGEL, 1992. §18. p.30)

Fica expressamente evidenciado ao longo da *Fenomenologia do Espírito*, o que Hegel entende por subjetividade. Embora ele não o afirme em um determinado ponto seu conceito para ela se encontra indissociavelmente ligada à noção de sujeito humano de um modo geral. No *Dicionário Hegel* está expressa a subjetividade como uma noção claramente "pertinente a um específico sujeito humano individual, logo 'pessoal, idiossincrásico'". (INWOOD, s/d. p.300)

Desse modo, na Filosofia do Espírito temos em Hegel um mesmo conceito para sujeito e a subjetividade. Tal noção tornará possível a consciência no contexto da filosofia hegeliana. A subjetividade enfim se expressa como já havíamos assinalado: como àquela disposição do sujeito de "só seguir sua própria convicção; ou melhor ainda: tudo produzir por si mesmo, e só ter o seu próprio ato como [sendo] o verdadeiro. " (HEGEL, 1992. § 78. pp. 66-67)

1.4.2 *O despertar da consciência ou a objetividade.*

Um dos momentos mais marcantes de toda a filosofia hegeliana é o momento da consciência, passo fundamental da alma humana rumo ao espírito absoluto. Ela sempre é antecedida pela reflexão acerca da alma e seguida da autoconsciência do sujeito e da razão, passos que a sucedem na evolução tendente ao absoluto. Desse modo a consciência na filosofia hegeliana terá *um que* de identificação com a compreensão cartesiana, analogamente compreendida como o *Eu* singular, embora diferindo da noção cartesiana de existência desse eu:

> Sua verdade apenas contém o *ser* da Coisa; a consciência, por seu lado, só está nessa certeza como puro *Eu*, ou seja: *Eu* só estou ali como puro *este, e* o objeto, igualmente apenas como puro *isto*. [...] A consciência é *Eu*, nada mais: um puro *este*. O singular sabe o puro *este*, ou seja, sabe o *singular*.[2] (Idem. §91, p.74-75)

A consciência difere da alma subjetiva do início da fenomenologia por ser consciente das coisas e dos objetos distintos dela própria, assumindo assim três formas ou configurações fundamentais: a *certeza sensível*, que consiste no conhecimento imediato dos dados dos sentidos como indivíduos referidos; como *percepção* ou o conhecimento mediado dos objetos sensíveis como coisas com propriedade e *entendimento* ou o conhecimento das coisas como expressões de forças que são governadas por leis que lhes são exteriores. "A consciência é, deste modo, definida como consciência de algo, a qual não é a consciência mesma" (IBER, 2007, p.67).

Dessa forma, quando Hegel afirma a consciência na Filosofia do Direito, esta se expressa inicialmente como objetividade, em oposição à subjetividade, ou seja, se apresenta como forma unilateral que se opõe a determinação subjetiva da vontade.

1.4.3 *A transformação da subjetividade em consciência: a questão da vontade.*

Ao longo de sua filosofia do espírito, Hegel apresenta uma evolução de seu pensamento, partindo da compreensão da alma enquanto entidade puramente subjetiva para a consciência mais objetiva até alcançar o grau mais objetivo que é o do espírito absoluto, que se expressa através da arte, da religião e da filosofia. Tal transformação dar-se-á por meio do entendimento que evoluirá gradualmente na individualidade que abandonará sua subjetividade, assumindo uma objetividade, pondo a própria essência na obra de modo a tornar-se espírito que transcende a simples vontade individual, para uma vontade pura de todos:

> Por isso a essência espiritual, em primeiro lugar, é para a consciência como lei *em si* essente: foi suprassumida a universalidade do examinar, que era formal, não *em si* essente.

---

2   A certeza a que Hegel se refere neste trecho de sua *Fenomenologia* é a certeza sensível, ou seja, as nossas percepções sensoriais. Idem. §91, p.74-75.

Em segundo lugar, é uma lei eterna, que não tem seu fundamento na *vontade deste indivíduo,* mas que é em si e para si; a absoluta *vontade pura de todos,* que tem a forma do *ser* imediato. (HEGEL, §436. p.267)

Deste modo, a vontade seria uma espécie de motor na transformação da subjetividade em consciência e da consciência em razão e desta, por fim, em espírito. A essência da consciência de si seria, portanto, a sua efetividade e realização, sua presença no mundo, seu si e sua própria vontade.

2 – A CONSCIÊNCIA FENOMENOLÓGICA NA FILOSOFIA DE EDMUND HUSSERL[3]

Neste capítulo objetivamos analisar o percurso da consciência e da subjetividade na filosofia de Edmund Husserl, sobretudo no que concerne a uma reflexão crítica e hermenêutica acerca de obras centrais para essa temática em Husserl, como são as *Meditações cartesianas,* assim como as *Ideias da Fenomenologia,* obras em que este filósofo discute profundamente acerca do papel da consciência na construção da subjetividade do ser humano em sua relação com o mundo fenomênico que o cerca. Intensamente à investigação da consciência; destacando de suas teorias o momento da passagem da subjetividade à consciência.

Consideramos fundamental essa reflexão para compreensão daquilo que antecede o pensamento de Jean-Paul Sartre, como o mesmo o assume em diversos pontos de suas obras. Não que tenha se limitado a ser um comentador de Husserl e é exatamente por isso que é tão importante fazermos essa análise do pensamento de Husserl para entendermos e realizarmos as corretas conexões entre o pensamento desses dois autores.

---

[3] O presente capítulo foi publicado originalmente na Revista Theoria (Pouso Alegre) com o título A Consciência na Fenomenologia Husserliana. Vol..V, p.112 - 124, 2013.

2.1 *A Fenomenologia husserliana.*

Edmund Husserl desenvolve sua fenomenologia como um pensamento analítico a partir de dois pontos fundamentais. Seu ponto de partida será o da subjetividade, que apresentará logo ao início de suas *Meditações Cartesianas* onde apresenta seu ponto de partida como filósofo que ainda está buscando uma base para desenvolver o próprio pensamento, assim ele não admite "como válido nenhum ideal de ciência normativa, somente poderemos tê-lo à medida que nós próprios o criamos" (HUSSERL, 2001. §3. p. 26)

Seu objetivo não é outro, senão aquele mesmo cartesiano "que é o de conferir às ciências um fundamento absoluto". Sua proposta é a de um recomeço que supere o discurso especulativo da metafísica e o raciocínio das ciências positivas; é o de uma terceira via alternativa aos modelos anteriores tomando por pressuposto fundamental antes de se alcançar qualquer tipo de raciocínio através da *epoché*, que visa uma fundamentação absoluta *"retornando as coisas mesmas"*.

Seu avanço em relação a Descartes está na suspensão do cogito subjetivo partindo para uma transcendentalidade deste que abrirá o espaço necessário a análise da intencionalidade da consciência.

Husserl, assim como Descartes, Kant e Hegel, ainda é um teórico do conhecimento, visto que possui uma grande preocupação em fundamentar o conhecimento, defendendo a filosofia como ciência pura, ou a ciência das ciências. Suas influências diretas na academia são, sobretudo de Brentano[4], seu professor, quanto à investigação da consciência e de suas estruturas.

Podemos ainda perceber influências neo-kantianas, além de podermos facilmente estabelecer paralelos e enfatizar muitos pontos em comum da filosofia husserliana com os pensamentos da Hegel e Kant.

Em relação a Hegel é evidente na fenomenologia husserliana a enorme preocupação em fundamentação do conhecimento e a investigação da relação entre consciência e mundo, enquanto que de Kant podemos perceber ora como contribuição direta, ora como

---

[4]   Franz Brentano (1838-1917) padre católico depois saído da Igreja, foi professor na Universidade de Viena onde foi mestre de Husserl. Viveu também em Florença e Zurique Sua principal obra é *A Psicologia do ponto de vista empírico* (1874), onde afirma o caráter intencional da consciência. "Segundo Brentano, precisamente, a intencionalidade é o que tipifica os fenômenos psíquicos, que sempre se referem a algo de outro. " Ver REALE, G. e ANTISERI, D. **História da filosofia:** Do romantismo até nossos dias. 2.ed. São Paulo: Paulus, 1991.Vol. 3. p. 557 Essa concepção da consciência influenciará profundamente a teoria fenomenológica husserliana, a medida que este irá defender a consciência como "consciência de...", o que já se expressava também na fenomenologia do espírito de Hegel: "a consciência, por um lado, é consciência do objeto; por outro, consciência de si mesma: é consciência do que é verdadeiro para ela, e consciência de seu saber da verdade." Ver HEGEL, **Fenomenologia do Espírito.** Op.cit. § 85,p.75. Hegel já aplicava a consciência as dimensões posteriormente aplicadas por Sartre de reflexão e pré-reflexão, embora ainda não com esta nomenclatura.

indireta, a questão da transcendentalidade que Husserl aplica ao *cogito*, ao próprio eu e à consciência.

2.2 *O Cogito na fenomenologia husserliana*.

Como Descartes, Husserl também irá colocar em suspenso todos os conhecimentos tidos pelas ciências como certos até então. Enquanto Descartes limitou-se a descobrir a verdade absoluta do ego cogito, inaugurando assim uma nova fase para todo o pensamento humano, para logo em seguida retomar as velhas especulações metafísicas.

Husserl construirá sua fenomenologia a partir da relação entre o objeto conhecido e aquele que conhece o objeto, método que ficou famoso pela utilização das expressões do grego *noese* e *noema*[5] que constituir-se-á numa investigação das intenções das ciências.

Em sua investigação acerca das ciências chegará à conclusão que não existe uma relação direta entre o fenômeno da ciência e a ciência enquanto teoria. Para ele, será por meio da descoberta da intenção da ciência que se poderá desvelar todos os elementos constitutivos da ideia teleológica geral, ideia própria de toda e qualquer ciência que queira se propor como verdadeira. Assim é atividade crucial à nova ciência a elucidação do ato de julgar.

O ego surgirá, portanto, na fenomenologia husserliana como um *"resíduo fenomenológico* resultante do processo de redução" (ZITKOSKI, 1994. p.44). Ele é a vida da consciência enquanto subjetividade transcendental e, é partindo deste ego que, através de diversas reduções pode-se alcançar a apropriação do eu puro diante da própria corrente das cogitações particulares. Ele é como essa primeira verdade alcançada, fundamental a todo o método fenomenológico visto que é do interior da consciência transcendental que se poderão conduzir melhor as investigações e alcançar as verdades apodíticas.

A consciência, entendida como esse resíduo da *epoché* se constitui como fonte última de toda a objetividade e mantém em si a relação com o mundo através dos objetos intencionais, dando-lhes sentido, e é nessa forma que a consciência toma a definição fundamental da fenomenologia de que "todo estado de consciência em geral é, em si mesmo, consciência de alguma coisa, qualquer que seja a existência real desse objeto e seja qual for a abstenção que eu faça, na atitude transcendental que é minha, da posição dessa existência e de todos os atos da atitude natural."(HUSSERL.§14. p. 50)

Além de visar a consciência transcendental, é visada ao mesmo tempo em que vê e pode tomar a si própria como objeto de sua intenção. O grande diferencial é que para Husserl o conhecimento fundamental e indubitável do sujeito não é o ponto de partida de sua

---

[5]   Respectivamente o ato de conhecer e seu agente e o objeto do

fenomenologia, mas sua preocupação está mais centrada no *Cogitatum,* ou o pensado, enquanto este pode ser compreendido como um relato daquele *Cogito.*

Antes de negar qualquer relação com objetos exteriores Husserl produz uma redução do fenômeno em sua pureza como um aparecimento em si mesmo, ou seja, como um *em-si* puro revelado à consciência. Sua fenomenologia não será outra coisa, que o estudo desse tipo de fenômeno puro e absoluto, de modo que esta tem a pretensão de ser uma filosofia pura, e é justamente nesse sentido que se mostra a pretensão inicial do filósofo, que é a de um retorno às coisas mesmas. Na compreensão de Giles (1975. pp.158-9) "A fenomenologia assim considerada pretende descrever com toda fidelidade, dentro de uma atitude penetrante, os fenômenos: as coisas consideradas como meros aparecimentos na consciência. "

Husserl possuía uma preocupação muito grande com a correção e a exatidão, o que o levou a se autocorrigir e superar-se em cada análise que fazia, sempre visando a um aperfeiçoamento de seu método, assim sua filosofia é perpetuamente pautada por uma abertura e um dinamismo próprios de uma consciência sempre aberta ao próprio dinamismo da intencionalidade.

Tal fundamentação e organização em sua teoria, Husserl apresenta como antecessora a qualquer sistematização de modo que

conhecimento/conhecido.

todos os conceitos e termos permanecem em constante devir. Assim a fenomenologia é apenas um estudo puramente descritivo das ocorrências do pensamento e do aprendizado adquirido dessa observação. A fenomenologia nesse sentido tem uma postura semelhante a da ciência[6] e é exatamente a partir disso que Husserl irá distinguir a fenomenologia de todo o pensamento filosófico desenvolvido até então; para ele a posição da filosofia deveria ser cientifica, ou de descrição do mundo. Assim, o centro de sua preocupação ao longo de suas pesquisas foi sustentar a busca por uma fundamentação da filosofia como ciência de rigor.

Nessa tentativa que perpassa todo o seu pensamento filosófico, o pensador defende a filosofia como uma ciência, no entanto, diferente das ciências naturais; em *A Ideia da Fenomenologia* afirmar sua distinção entre ciência natural e ciência filosófica: "A primeira brota da atitude espiritual natural; a segunda, da atitude espiritual filosófica."[7] (HUSSERL, s/d. p.1. Tradução Nossa).

---

[6]   Husserl pensa a "ciência" como uma ideia-fim, ou como ele chamará de ciência eidética. Nas *Meditações* §3, ele começa por aceitar o princípio cartesiano de uma ciência autêntica e com fundamentos absolutos, entretanto admite que essa ideia é carregada de falhas a medida que repete a ideia geral da ciência, para Husserl, simplesmente hipotéticas e fundamentará sua ideia de ciência na intencionalidade da consciência que nos conduz a ideia da evidencia, na qual se fundará uma verdadeira ciência. Ver *Meditações Cartesianas* I de Husserl e *O Método Fenomenológico de Husserl* de Zitkoski.

[7]   "La primera brota de la actitud espiritual natural; la segunda, de la actitud espiritual filosófica." Ver: HUSSERL, Edmund. **La Idea de la Fenomenologia. Em:** http://www.bibliotheka.org.

Assim, a fenomenologia e seu método, fundados por Husserl, têm por fim a descrição dos fenômenos e sua lógica. O fenômeno é, portanto, algo externo a nós e que aparece à consciência, é ele, o próprio aparecer à consciência e é ele que determina o modo como aparece à nossa consciência e como o percebemos, ou seja, o aspecto sob o qual ele se nos dá.

Para compreendermos melhor sua fenomenologia, faz-se necessário que compreendamos primeiramente a noção de consciência de que esta é carregada em toda a sua extensão teórica. Passemos, portanto a concepção defendida por Husserl da temática da consciência, assim como a intencionalidade, que este considera como crucial a consciência.

2.3 *A noção geral de consciência e a intencionalidade.*

A concepção de consciência defendida por Edmund Husserl é aquela mesma defendida já anteriormente por Franz Brentano. Husserl dirige seu método de forma bem mais específica para um novo campo exclusivamente de investigação da experiência transcendental, experiência essa, que ele percebe como um apontamento do seu método fenomenológico e consequentemente da validade de seu próprio método e dos movimentos anteriores realizados por este, tais como, a redução fenomenológica, a indução e a *eidética*; assim como a própria fundamentação da fenomenologia como ciência primeira que pretende fundamentar um novo conhecimento válido universalmente.

Husserl, a partir do *cogito* cartesiano, construirá sua teoria da consciência e por receber grandes influências kantianas[8], assume a defesa da ideia de uma consciência transcendental, esta que se constitui como o resíduo fenomenológico fundamental produzido depois da suspensão de todos os conhecimentos, que chamou *epoché*[9]. A partir disso pode-se afirmar que

> [...] a consciência retém em si mesma o *mundo*, com todas as realidades nele contidas a título de *objetos intencionais*. Mas, por outro lado, o mundo continua sempre transcendendo a esfera imanente da consciência e, esta se encontra em continuo movimento de *dar sentido* e constituir as realidades. (ZITKOSKI, 1994.p.54)

---

[8]   A *Crítica da Razão Pura* de Kant, tem como uma de suas preocupações centrais, a relação da consciência ou do Eu com os fenômenos, de modo que na *Estética transcendental* já aparece muito da fenomenologia husserliana, que tem como preocupação a relação que se dá por meio da intencionalidade da consciência em relação aos fenômenos que lhe aparecem. Outro fator importante que podemos perceber de influência neokantiana é a transcendentalidade que este aplica ao *cogito* nas relações com o mundo. Em Husserl como em Kant os fenômenos são para mim o que julgo que são, embora existam *em-si*.

[9]   "A □□□□□□leva-nos a reconhecer reflexivamente que o mundo, que existe para nós, tira o seu sentido de ser de nossa vida intencional. " Ver: GILES. **História do Existencialismo e da Fenomenologia.** Op.cit. p.181. A apresentação mais direta do que foi esse método husserliano, trataremos melhor quando nos referirmos às relações entre a consciência e o mundo: *epoché, noese* e *noema* (um dos tópicos que se seguem neste capitulo).

A consciência, portanto, é para Husserl, a condição de possibilidade de toda a construção do conhecimento, e, sobretudo, no que se refere a seu método pretensamente formado para fundar a filosofia como a ciência das ciências, ou seja, uma ciência pura, sendo a consciência, enquanto resto de tudo aquilo que foi suspenso como conhecimento no mundo, o seu fundamento último.

Entretanto, a função da fenomenologia, como a ciência que capta as estruturas fundamentais da consciência, só poderá alcançar o seu fim caso se debruce ante a análise da intencionalidade da consciência. Tal análise tem a capacidade tanto de revelar as estruturas da própria consciência como também os objetos por ela pensados.

É tal a importância dada à intencionalidade por Edmund Husserl que toda a investigação sobre a consciência transcendental tem aí o seu ponto de partida. É ela fundamental a todo o método fenomenológico. Acerca da análise intencional, Husserl afirma em *Conferências de Paris*: "é o desvelamento das atualidades e potencialidades, nas quais se constituem objetos como unidades de sentido. " (HUSSERL, s/d. p.28) ou seja, a consciência por meio da intencionalidade impõe sentido a todas as coisas com as quais se relaciona.

A vida da consciência não se constitui apenas como uma simples conexão entre inúmeros dados, muito menos como uma espécie de amontoado de fatos do pensamento ou como uma coleção de todas essas coisas; ela é acima de tudo e essencialmente intencional; tudo o que passa pela consciência do *eu* transcendental possui uma intenção com a qual está intrinsecamente ligado.

Sua posição de transcendental se justifica porque não está simplesmente limitada a fatos da vivência psíquica momentânea, mas a ultrapassa tendo como interesse de análise todos os fatos à qual a consciência após sua percepção impõe-lhe significado.

A noção mais geral que podemos dar da ideia de consciência defendida por Husserl: *"toda consciência é consciência de alguma coisa"*, ou mais claramente, podemos dizer que esta é um puro ato de representação, ou seja, a intencionalidade se dá no momento em que o sujeito percebe determinada coisa ou objeto da consciência e lhe aplica uma determinada representação, como por exemplo, quando um sujeito vê uma bandeira, que não passa de um pedaço de pano pintado de uma determinada forma, e reconhece a partir daquele pedaço de pano, que ele indica um país ao qual aquele símbolo se relaciona.

Tal determinação por parte do sujeito não passaria de um simples ato de representação ou de intenção de relacionar tal símbolo com o fato a que se relaciona, assim como temos a capacidade de reconhecer a partir de determinados brasões a instituição a que ele está relacionado pela intenção com a qual visamos este objeto.

> A "intencionalidade" será, para Husserl, um fenômeno da ordem da "representação". Intencionar é tender, por meio de não importa que conteúdos dados à consciência, a outros conteúdos não dados, é reenviar esses outros conteúdos de maneira compreensiva. [...]. Existe "intencionalidade" sempre que, através de um dado, nós "visamos" algo não dado, sempre que uma certa presença "exprimir" uma determinada ausência. (MOURA, s/d.p.11)

O ato de representação em que consiste a intencionalidade da consciência na fenomenologia husserliana, antes pertencente ao puro domínio da representação, toma para ele uma nova configuração à medida que agora são transplantados para o campo da percepção. Neste novo campo, ele também dedicar-se-á a explicar as relações entre a consciência e mundo, ou seja, entre o que é percebido e a percepção que o percebe, entre o que é pensado e o pensamento que o pensa.

Esta explicação se dará a partir da retomada de antigos conceitos gregos brevemente modificados por ele: *noema* e *noese* originados a partir do *nous* grego, que definia precisamente o momento dominado pelo pensamento. Vejamos como se dá de fato essa relação entre o pensamento e o pensado.

2.4. As *relações entre a consciência e o mundo: epoché, noese e noema.*

Na fenomenologia husserliana podem ser distinguidas precisamente duas relações entre a consciência e o mundo; a primeira dessas relações é a da *epoché fenomenológica*, esta que aparece logo no início da investigação de Husserl, surgindo como o meio fundamental para retornar às coisas mesmas, ou seja, para abandonar tudo que é falso, voltando-se à análise das coisas mais manifestas, encontrando nas mesmas, pontos tão sólidos e indubitáveis de modo a poder, a partir daí construir e/ou fundamentar a fenomenologia como ciência pura, semelhante à dúvida cartesiana.

Husserl apresenta a *epoché* ou redução fenomenológica como o seu método crucial da filosofia para que esta, alcance o *status quo* de uma ciência pura.

É por este método que se orientarão todos os momentos da investigação fenomenológica, sendo nos termos de Husserl nas *Meditações Cartesianas* um *"primeiro princípio metódico"*. A partir da determinação da *epoché* como seu primeiro princípio metódico "não poderia evidentemente nem emitir nem admitir como válido *nenhum julgamento, se não o obtenho a partir da evidência,* ou seja, em experiências em que as "coisas" e os "fatos" em questão me são apresentados "em si"." (HUSSERL, 2001. §5 p.31).

Entretanto o fato de um objeto que se me apresenta agora como evidente não determina que posteriormente ele se me apresente da mesma forma, tornando-se objeto de dúvida, visto que pode me aparecer como um simples objeto de aparência.

Embora se tenha a evidência do mundo, as ciências devem portar-se de forma diferente em suas investigações, não se limitando apenas ao mundo empírico que lhes concede apenas uma autoridade ingênua.

A atitude que deve ser tomada pelas ciências e a começar pela filosofia, como aquela que é antes de tudo a ciência primeira à suspensão da adesão a qualquer conhecimento. Tal suspensão é, não outra coisa que a prática da *epoché fenomenológica* que tem por objetivo nos garantir o acesso a um campo tão novo quanto inexplorado, que é o campo da vida transcendental da consciência.

A redução fenomenológica é, portanto o único meio pelo qual se pode alcançar a evidência *apodítica*, ou seja, é a *epoché* o único meio que permite alcançar a ciência *eidética*, isto é, a ciência do absoluto e da determinação firme e consistente onde nada que já foi examinado pode ser colocado em dúvida; essa é a ciência à qual Husserl almejava alcançar por meio de seu método.

A outra relação de fundamental importância no método fenomenológico husserliano e que se faz imprescindível sua compreensão para se poder entender a totalidade de seu método e da intencionalidade da consciência é a relação que distingue *noese* e *noema*, a qual Husserl resgata do pensamento grego clássico para determinar, respectivamente a consciência que percebe aquilo que percebe e ao que é percebido e intencionado pela consciência.

Na atitude do eu de intencionar e durante esse processo, este *"eu"* projeta seu raio luminoso para o polo oposto que é o polo do objeto; tal raio luminoso é o que Husserl chama de *Noema*, atitude própria da consciência, que é a de visar e intencionar a todos os fenômenos percebidos por ela.

É ela uma atividade inteiramente subjetiva, visto que é o ato do eu puro de conferir sentido às coisas/objetos materiais, ou seja, os conteúdos da realidade mundana que ainda não possuem um sentido primário intrínseco a si próprio. Tal é a relação entre consciência e mundo material ou os objetos que Husserl nas meditações cartesianas afirma que

> Sem tocar ainda no problema da identidade do *eu*, poderemos definir o caráter bilateral da investigação da consciência, descrevendo-o como uma coordenação inseparável. [...] descrevendo-o como uma "síntese", por exemplo, como objeto de descrição a percepção de um cubo. [...] "este" cubo individual me é mostrado de maneira contínua como unidade objetiva, [...] numa multiplicidade variável e multiforme de aspectos [...] ligados por relações determinadas. (HUSSERL, 2001. §17. p.57)

O caráter bilateral a que se refere Husserl é justamente o caráter *noético-noemático* de duplicidade entre o objeto pensado e a atitude da consciência enquanto pensa o objeto e lhe impõe sentido. *Noese* e *Noema* podem assim ser assemelhadas a outros conceitos usados por Husserl no latim, respectivamente *cogito* e *cogitatum*, respectivamente o ato de pensar do qual o *eu* se constitui em relação aos objetos e o objeto percebido e captado pelo *ego* por meio da consciência, o que lhe torna consciente daquilo que pensa e intenciona.

Dessa forma, Husserl pode alcançar a afirmação de que "o *cogito* tem consciência de seu *cogitatum* não em um ato não diferenciado, mas em uma "estrutura de multiplicidades" de caráter *noético* e *noemático* bem determinado, estrutura coordenada de maneira essencial com a identidade desse *cogitatum* determinado. " (HUSSERL, 2001. §17. p.58)

Agora, o que subsiste na consciência como fato geral e intencional, ou seja, como consciência de alguma coisa: o próprio fato de termos consciência da coisa que percebemos como objeto intencional e como uma unidade sintética de multiplicidade de modalidades de consciência *noéticas* e *noemáticas*, constituintes fundamentais das relações entre a consciência e o mundo, ou seja, as realidades materiais fenomênicas que nos aparecem.

2.5 *Husserl: A investigação da consciência nas Meditações Cartesianas e a proposta do método fenomenológico científico e universal.*

Nas *Meditações Cartesianas*, Edmund Husserl apresentará uma introdução à sua teoria fenomenológica a partir das bases cartesianas tomadas por ele para fundar a sua nova teoria crítica do conhecimento e, essa nova teoria é responsável por "ter conferido a certos termos cartesianos um desenvolvimento radical" (HUSSERL,

2001. §1. p.19) e, é exatamente essa radicalidade da fenomenologia husserliana que impede que ela possa denominada de cartesianismo.

O ponto inicial do percurso das *Meditações* é o da retomada do *ego cogito*, que se guia assim como Descartes pela ideia de uma ciência autêntica e universal e até mesmo essa própria ideia deve ser posta em dúvida: "Como filósofos que buscam ainda o ponto de partida, não admitimos como válido nenhum ideal de ciência normativa; somente poderemos tê-lo à medida que nós próprios o criarmos. " (HUSSERL, 2001. §3. p.26).

Desse modo, a fenomenologia tem por objetivo geral *"conferir às ciências um fundamento absoluto"*. Tal objetivo fará com que o filósofo parta da investigação da consciência, já da sua intencionalidade, ou seja, de seu ato de julgar; em seguida, para seguir os passos de Descartes, ele retoma o *ego cogito* como verdade primeira, na qual se deve fundamentar toda filosofia radical.

A partir dessa retomada do momento da subjetividade em Descartes, Husserl propõe-se a abster-se de toda a crença empírica, de modo que o mundo empírico também perca seu valor de verdade para assim alcançar a descoberta inicial de que "tudo o que é o "mundo", todo ser espacial e temporal existe para mim, quer dizer, vale para mim". (HUSSERL, 2001. §8. p.38) A partir desse ponto, no curso das *Meditações*, ele tentará verificar a apoditicidade do *ego cogito transcendental*, e percebe, como faltou à Descartes a transcendentalidade, visto que aquele apresenta o seu *ego cogito* "como um "axioma" apodítico, que, junto com outros ainda não desvelados, ou mesmo com hipóteses encontradas por um caminho indutivo, deve servir de fundamento à uma ciência "dedutiva" e explicativa do mundo" (HUSSERL, 2001. §10. p.41).

O problema fundamental de Descartes, segundo Husserl, foi o de que "tendo feito já a maior das descobertas, não captou nela o sentido correto, o da subjetividade transcendental. Ele não atravessou o pórtico que leva à filosofia transcendental verdadeira. " (HUSSERL, 2001. §10. p.42).

Quanto a *Segunda Meditação* Husserl dividiu-a em duas em etapas; no primeira, ele percorre pela primeira vez o campo da experiência transcendental, abandonando-se a evidência natural, que é própria desse momento; na segunda etapa, em que divide a meditação, Husserl objetiva passar à crítica da experiência transcendental e logo à crítica do conhecimento transcendental em geral, fundando com isso uma nova ciência única e que se fundamenta no momento singular da subjetividade transcendental, opondo-se de tal modo a todas as ciências, enquanto estas são compreendidas como puramente objetivas; essa nova ciência é uma ciência da subjetividade objetiva.

A investigação da consciência, que é central a toda a investigação e teoria fenomenológicas, não abandona sua centralidade nas *Meditações Cartesianas*, tratando de forma firme e concentrada o problema da investigação da consciência, assim como do caráter dos problemas relativos a esta, tais como as direções que são tomadas pela descrição fenomenológica e sobretudo a determinação da forma originária da consciência que o autor determina como sendo a síntese, ou seja, a de uma unidade de multiplicidades.

Tal forma da investigação da consciência, que é a de uma unidade de multiplicidades ou precisamente a forma da síntese, Husserl afirmar como sendo a da identificação, que

> [...] se apresenta inicialmente como uma síntese de um alcance universal que transcorre *passivamente*, sob a forma da *consciência interna do tempo*. Todo estado vivido tem sua duração vivida. Se se trata de um estado de consciência cujo *cogitatum* é um objeto do mundo [...] é o caso de distinguir a duração objetiva que aparece [...] da duração "interna" do processo da consciência. (HUSSERL, 2001. §18. p.59. Itálicos do autor)

A identificação na temporalidade que ocorre à consciência, dá-se em períodos que lhe são puramente interiores e que se modificam de maneira contínua ao modo de síntese da totalidade dos da consciência, não ao modo de soma, mas como uma unidade da consciência única em que se desenvolve todo o processo intencional.

Assim, em resumo, o que podemos afirmar da análise da consciência na fenomenologia de Husserl é que esta é a própria análise da intencionalidade da mesma consciência e dos processos internos a esta intencionalidade. Constitui-se como análise, sobretudo da multiplicidade de que a intencionalidade está carregada em cada estado de consciência, desse modo é o objeto aquele pólo de identidade entre a intencionalidade e o mundo material, onde este sempre terá um sentido pré-concebido e a ser realizado.

O objeto fundamental encontrado na análise da consciência pelo método fenomenológico está numa nova forma de justificar uma teoria filosófica que pretensamente se põe como ciência. Dessa forma

> Vemos que a *análise da consciência*, entendida como intencional, *difere totalmente de sua análise no sentido comum e natural do termo*. A vida da consciência, [...] não é um simples todo composto de "dados", suscetível, consequentemente, de ser "analisado" e, num sentido muito amplo, divididos em *elementos* primários ou secundários, [...] seu trabalho original é o de revelar as potencialidades "implicadas" nas atualidades [...] da consciência. (HUSSERL, 2001. §20. p.64. grifos do autor)

O que Husserl quer dizer é que o trabalho original e fundamental da analítica da consciência e da intencionalidade consiste em revelar cada uma das potencialidades presentes nos atos da consciência enquanto intencional, isto é, nas relações *noemato-noéticas*.

Dessa maneira, o que a análise da consciência toma por guia é o fato de todo *cogito* ser, em sentido amplo a significação da coisa que é pensada, mas uma significação que se ultrapassa a cada instante em que se dá. A partir disso, o fenomenólogo desenvolverá suas meditações seguintes, em que trata: na *Terceira*, dos problemas constitutivos da realidade, tais como a introdução dos conceitos de razão e não-razão; da evidência e suas variantes, assim como o sentido dos objetos existentes, e as regiões ontológicas. Na *Quarta Meditação*, trata dos problemas referentes ao ego transcendental, dentre eles da digressão para alcançar, na *Quinta Meditação*, a questão, que refletiremos posteriormente também em Sartre, que é o problema do *solipsismo*.

Nesse ponto, a fenomenologia husserliana esbarra em um sério problema que terá que enfrentar, que diz respeito ao *solipsismo*, pois a fenomenologia ao reduzir por meio da *epoché* fenomenológica o eu pensante em um eu transcendental e absoluto, não estaria reduzindo-o a um *solus ipse*, ou seja, deixa o eu abandonado e sozinho consigo mesmo no mundo, não aceitando outra existência consciente e intencionadora? Esta é a pergunta que se dirige a Husserl, pergunta a que Husserl tenta responder apresentando um projeto de resposta que segue:

> Precisamos nos dar conta do sentido da intencionalidade explicita e implícita, em que, sob o pano de fundo composto pelo nosso *eu transcendental*, se afirma e se manifesta o *alter ego*. Precisamos ver como, em quais intencionalidades, sínteses e "motivações", o sentido do *alter ego* forma-se em mim e, sob as diversas categorias de uma experiência concordante do outro, afirma-se e justifica-se como "existente", e mesmo à sua maneira como estando presente "ele mesmo". (HUSSERL, 2001. §42. p.104. *grifos e aspas do próprio autor*)

O outro será essencialmente um fio condutor transcendental, ou seja, servirá de correlato ao meu *cogito* e todo o sentido que poderá vir a ter para mim, o fará a minha vida intencional a partir das sínteses realizadas por ele mesmo, sempre em busca até encontrar sistemas de verificação em nossas consciências que sejam concordantes entre si. O problema surge antes de mais nada, para Husserl, como um problema apresentado diretamente ao sujeito acerca da existência do outro para mim e desembocará numa nova *teoria transcendental da experiência para o outro*, visto que

> Os "outros" mostram-se igualmente na experiência como regendo psiquicamente os corpos fisiológicos que lhes pertencem [...] percebo-os ao mesmo tempo como sujeitos desse mundo: sujeitos que percebem o mundo [...] e que têm, dessa forma a experiência de mim, como tenho a experiência do mundo e nele, dos "outros". (HUSSERL, 2001. §44 p.106)

É dessa forma que Husserl tenta responder ao problema do solipsismo, colocando-a totalmente no campo da experiência que eu tenho do mundo e do outro na minha consciência, e nisso consiste um dos principais problemas, sem uma solução plena na investigação da consciência em Husserl. Todavia, Sartre oferecerá uma outra proposta de resposta a esse problema, mas antes de chegarmos a ele, passemos antes por Heidegger que oferecerá uma possibilidade de base à investigação da consciência na filosofia de Jean-Paul Sartre.

A fenomenologia husserliana consiste, portanto, numa tentativa de fundar a filosofia como uma ciência absoluta e, para Husserl, a base segura desta nova ciência está nas evidências percebidas a partir da intencionalidade da consciência em relação aos objetos visados; ou seja, a apodicidade da ciência teria como única base, e base considerada por Husserl como sólida, o ato julgador da consciência que utilizar-se ia do método da *epoché* para alcançar o seu fim.

3 - HEIDEGGER: RETORNO A METAFÍSICA E A PROPOSTA DA ONTOLOGIA FENOMENOLÓGICA E UNIVERSAL

artin Heidegger foi despertado para a filosofia graças à leitura da obra de Franz Brentano *Sobre os Diversos Sentidos do Ente segundo Aristóteles*, que lhe foi presenteada pelo amigo e conterrâneo Konrad Grüber, fazendo com que despertasse grande interesse pela filosofia do estagirita.

Entretanto é a Husserl a quem deve o maior passo de sua carreira teórica e do seu desenvolvimento intelectual, sobretudo no que se refere à gramática pura, que posteriormente o conduziu ao caminho da fenomenologia. Foi durante certo tempo auxiliar do professor Husserl na Universidade de Freiburg, onde ministrava aulas sobre diversas questões da fenomenologia, principalmente com os comentários semanais às *Investigações Lógicas*.

Desde o início de sua colaboração a Husserl, na Universidade, o jovem Heidegger teve sua própria posição ante a fenomenologia e não concorda com seu mestre quanto ao transcendentalismo defendido por este, pretendendo desligar o método fenomenológico do idealismo transcendental de que é carregado na fenomenologia husserliana.

Nas palavras de Giles "o pensamento de Heidegger é um retorno ao fundamento da metafísica num movimento problematizador, uma meditação sobre a Filosofia no sentido daquilo que permanece fundamentalmente velado. " (GILES, 1975, pp.192-3)

A grande preocupação sobre a qual se debruça o filósofo alemão é sobre a questão do significado do ser, dado que este é um conceito aparentemente muito evidente, entretanto plenamente obscuro. Embora este conceito seja o mais universal, não significa dizer que seja o mais claro e que não necessite de discussão, pois que ele é indefinível, dada a "impossibilidade de se definir o ser não dispensa a questão de seu sentido, ao contrário, justamente por isso a exige. " (HEIDEGGER, 1988, §1. p.29). Para ele, embora este conceito seja aparentemente evidente por si mesmo está continuamente envolto em obscuridade, o que só leva a uma maior necessidade de levantar a pergunta acerca de seu sentido.

Se a fenomenologia toma, em Husserl, uma nova configuração e orientação, que é o caminho para a ontologia e um retorno à filosofia grega clássica na busca pelo sentido do ser, embora a investigação agora tome uma base completamente diferente, que é a do método fenomenológico; enquanto a metafísica tradicional e escolástica além dos modernos como Descartes, Kant e Hegel dentre outros perguntavam o que era o ser e o que das coisas nós podemos conhecer; em Heidegger a questão muda completamente de figura, agora a pergunta não se refere de modo algum ao que seja o ser, visto que isso é muito evidente, mas o que é preciso que conheçamos é o sentido do ser, de modo que é a este que Heidegger irá dirigir a sua pergunta fundamental.

Um outro fator da fenomenologia heideggeriana é o fato de esta se distanciar de certo modo, tanto da fenomenologia husserliana, quando busca abandonar a transcendentalidade e trazer a consciência mais para a esfera da temporalidade, quanto das tradições da teoria do conhecimento e da metafísica tradicional, no que concerne à própria relação com o sentido do ser e a sua investigação, que a seguir explicaremos definidamente no tópico que se segue neste capítulo. Para Dartigues (1992, p.126), "Desde o início, a questão de Heidegger não é outra senão a "questão do Ser" e, se o ser do homem é nele descrito e analisado, é porque no homem se situa o lugar, o "aí" (Da) onde o Ser se desvela. "

Dada, a centralidade da questão do Ser na fenomenologia da Martin Heidegger, podemos perceber que este se afasta do pensamento de Edmund Husserl. Tal afastamento já o podemos perceber em *Ser e Tempo*, onde Heidegger antes de partir para uma análise fenomenológica do *Dasein*, questiona primeiro o método fenomenológico, apresentando sua ideia pessoal da fenomenologia: "A expressão "fenomenologia" diz, antes de tudo, um *conceito de método*. Não caracteriza a *qüididade* real dos objetos da investigação filosófica, mas o seu modo, como eles o são. " (HEIDEGGER, 1988, §7. p.57).

Desse modo, a compreensão que Heidegger tem da fenomenologia não é de uma ciência ou uma filosofia pura, mas apenas a visão de um método que se mostra útil à análise da questão do Ser. Para ele, a fenomenologia enquanto método é a via de acesso que permite a verificação e determinação daquilo que pode ser considerado como tema da ontologia.

3.1 *A investigação fenomenológica e o Dasein.*

Como ressaltamos acima a noção de fenomenologia apresentada por Martin Heidegger é apenas a de um método dentre outros, método este em que consiste a expressão da própria filosofia ocidental, que é um conjunto da fenomenologia e da ontologia, esta última que "só é possível como fenomenologia" (HEIDEGGER, 1988, §7c. p.66), enquanto podemos entender por fenomenologia o método de investigação que e por seu objeto *o ser dos entes e o sentido do ser em geral*, ou seja, como na afirmação de Husserl um retornar às coisas mesmas.

Heidegger toma como ponto de partida o sentido do método utilizado a partir da sua decomposição; investigando assim os conceitos de *fenômeno* e de *logos* no grego. O filósofo define fenômeno como, aquilo que se revela ou se manifesta, o que se mostra em si mesmo, estes se constituem como a totalidade do que se pode vir à luz ou, na expressão grega, os entes, a totalidade de tudo que é.

Para o conceito de *logos*, que no grego vai encontrar com variados sentidos, tais como discurso, exercício, estudo; para Heidegger, o sentido mais razoável é o de discurso, no sentido de relação ou proporção com aquilo que já está presente como fundo e fundamento em todo discurso. Assim, conclui que fenomenologia é "deixar e fazer ver por si mesmo aquilo que se mostra, tal como se mostra, a partir de si mesmo. " (HEIDEGGER, 1988, §7c. p.65)

Para ele, o conceito de fenômeno precisa ser retomado agora, mas em um novo sentido, o fenomenológico e, nesse sentido fenômeno *é somente o que constitui o ser* e a fenomenologia e a ontologia não são apenas duas disciplinas da filosofia, mas caracterizam universalmente a filosofia em seu objeto e modo de tratar; assim "a filosofia é uma ontologia fenomenológica e universal que parte da hermenêutica da *pré-sença* [*Dasein*], a qual, enquanto analítica da *existência*, amarra o fio de todo questionamento filosófico no lugar de onde ele *brota* e para onde *retorna*." (HEIDEGGER, 1988, §7c. p.69. grifo nosso por considerar a tradução de *Dasein* em *pré-sença* falha)

A grande novidade de Heidegger, em relação a seu mestre Husserl, é que ele tentou resolver o problema da fundamentação sem recorrer à consciência e ao transcendentalismo de Husserl, apoiando-se numa ideia muito mais próxima da realidade, embora ontológica, que é a do *Dasein*, a partir do qual se pode compreender a noção de uma consciência que está por trás e é inteiramente indeterminada;

aqui ele coloca entre parêntese, diferentemente de Husserl que coloca os conhecimentos ou os dados da consciência, ao próprio homem concreto como aquele ser no qual o Ser aparece e se desvela.

O *Dasein* é assim o *aí-do-ser*[10], essa *pré-sença*, ou o próprio homem concreto entendido fenomenologicamente, enquanto o lugar da manifestação, ou do aparecimento e da construção do sentido do Ser. Tal é o *Dasein*, que toda a ontologia deve ser orientada a partir dele:

> A problemática da ontologia grega, bem como de toda a ontologia, deve ser orientada pela própria pré-sença [*Dasein*]. Tanto em sua definição vulgar como em sua "definição" filosófica, a pré-sença [*Dasein*], isto é, o ser do homem, caracteriza-se como ζῷον λόγον ἔχον, o ser vivo cujo modo de ser é, essencialmente, determinado pela possibilidade da linguagem. (HEIDEGGER, 1988, §6. p.54. *Grifo entre colchetes nosso, aspas do autor*)

O *Dasein* pode ser posteriormente relacionado, tanto ao eu transcendental de Edmund Husserl, embora o *Dasein* não possua esta dimensão transcendental, como ao *Para-si* de Sartre, ao qual Heidegger teve diversas influências, inclusive no próprio conceito expresso por Sartre e da relação do *Para-si* com a temporalidade de

---

[10] Existem inúmeras traduções para Dasein, entre elas podemos ressaltar *aí-do-ser*; *ser-aí*; e *pré-sença*, este que consideramos muito insatisfatório e, que infelizmente é o termo adotado na tradução brasileira da professora Márcia de Sá Cavalcanti. O aí-do-ser é a tradução usada preferencialmente na tradução do texto de Gary Cox. Compreender Sartre, publicada pela editora Vozes em 2006.

que falaremos a seguir[11]. Essa relação dá-se, sobretudo à medida que cada um destes conceitos pode ser relacionado ao Ser do homem existente no mundo e atuante, havendo, entretanto inúmeras variações.

3.2 *A analítica do Dasein, a consciência e a temporalidade.*

Como já havíamos apresentado acima, a colocação do problema do Ser é fundamental em todo o pensamento heideggeriano, como também a relação deste Ser com o tempo, o que faz da temporalidade um problema fundamental na analítica do *Dasein*.

A preocupação central sobre a investigação do *Dasein*, para que esta não possa ser confundida com outras investigações paralelas, é a "de desvelar a estrutura fundamental do *Ser-aí* como *Ser-no-mundo.* " (GILES. 1975.p.221). Nesta interpretação do *Dasein* é também essencial

---

[11]   A ligação fundamental que podemos fazer entre os conceitos de *Eu transcendental, Dasein* e *Para-si*, respectivamente em Husserl, Heidegger e Sartre é que todos podem ser relacionados ao conceito de homem em sua existência, embora ocorram diferenças profundas entre eles em relação ao próprio conceito de homem; em Husserl, por exemplo, não há nenhum interesse pelo homem concreto, o *Eu* e sua existência só interessa enquanto conhecedor; já em Heidegger o homem é compreendido como o Ser-no-mundo em sua concretude, ser sempre em construção e sem nenhuma possibilidade de determinação e, que sequer a busca, é um ser no presente instantâneo, já em Sartre, o homem aparece como o Para-si, sempre em busca de uma autodeterminação, de modo a se apresentar-se como um ser que se lança rumo ao futuro, embora toda a sua tentativa seja fadada ao fracasso. Ver Giles, T. Ransom. **História do Existencialismo e da Fenomenologia**. São Paulo: EPU e EDUSP, 1975. II vols.

à compreensão das estruturas internas a este, a saber, o mundo em sua *mundanidade*, o ser no mundo como *ser-com* e *ser-si-mesmo* e o *ser-em* como tal. Na investigação analítica do *Dasein*

> [...] o ente que temos a tarefa de analisar somos nós mesmos. O ser deste ente é sempre e cada vez *meu*. Em seu ser, isto é, sendo, este ente se comporta com o seu ser. Como um ente deste ser a pré-sença [Dasein] se entrega à responsabilidade de assumir seu próprio ser. O *ser* é o que neste ente está sempre em jogo. (HEIDEGGER, 1988, §9. p.77. grifo entre colchetes nosso).

Ou seja, a investigação é fundamentalmente, uma investigação daquele ser especificamente do próprio homem, que em seu ser tem a questão acerca do sentido do Ser como pergunta e jogo, a essência deste ente da investigação heideggeriana é que ele tem a obrigação de ser, ou seja, está na existência, o que posteriormente nos remeterá diretamente ao pensamento de Sartre, quando este afirma que *a consciência é o ser para o qual em seu ser, está em questão o seu ser.*

Os desenvolvimentos das estruturas internas ao *Dasein*, Heidegger apresentará ao longo de sua obra principal, *Ser e Tempo* e as apresentaremos brevemente como passo para a compreensão do *Dasein* e da noção de consciência carregada pela filosofia heideggeriana.

O conceito de *ser-no-mundo* do *Dasein*, ou utilizando o termo da tradução brasileira, da pré-sença é primeiramente a própria existência em sua unidade indissolúvel. O *ser-em*, pelo contrário, tem como significado a constituição ontológica da pré-sença e sua *existencialidade* no mundo. Já o *ser-com* ou *ser-junto* ao mundo é consequente do conceito do anterior, completando-o, representando assim a facticidade em que o *Dasein* se encontra em seu sendo no mundo, contrariando a ideia de justaposição que se pode ter num primeiro contato com a expressão.

A analítica do *Dasein*, portanto ficará delimitada aos campos do conhecimento que envolvem a antropologia, a psicologia e a biologia, à medida que se constitui numa análise profunda do sentido do ser que é intrínseca a toda a realidade humana.

A consciência do *Dasein* é, de certo modo consciência moral e é deste tipo a sua relação com o *Dasein*, o que se busca através dela é a busca pelo *"poder-ser* próprio da *pré-sença* por ela mesma, testemunhado em sua possibilidade existenciária. " (HEIDEGGER, II. 1988, §54. p.52).

Essa interpretação buscada pelo *Dasein* é dita justamente pela *voz da consciência*, assim, a consciência torna-se também objeto de interesse à investigação fenomenológica em Heidegger, como fenômeno da *pré-sença* que muito simplesmente se dá, partindo portando de um dado totalmente indiferente, o fato de pela consciência poder se *compreender algo*.

É a consciência que nos dá a compreensão do clamor acerca da questão do ser e a percepção deste clamor se dará por meio da experiência vivida da angústia, que é "o recurso pelo qual a existência pode se compreender a si própria, o revelador de seu sentido e, com isso, também o sentido do Ser." (DARTIGUES, 1992.p.134).

Passemos, portanto agora a uma análise da teoria sartriana da juventude, ou seja, a uma análise de suas primeiras obras, a saber, *A Transcendência do Ego, Esboço de uma Teoria das Emoções* e *O Imaginário,* tomando um pouco de suas obras pré-ontológicas, procurando perceber em que ele dá continuidade ao seu pensamento inicial em sua obra máxima. Nestas obras será analisada, a relação de sua teoria com a psicologia, assim como com a fenomenologia de Husserl e Heidegger.

Tendo percebido a passagem da subjetividade à consciência ao longo do percurso da filosofia ocidental e, sobretudo na filosofia moderna, que se mostra fundamental ao percurso que pretendemos realizar, a saber, a investigação do tema da consciência na filosofia sartriana e, em especial em sua ontologia fenomenológica.

Nos foi possível até aqui, perceber as principais influências sobre o pensamento de Sartre, dentre eles, Descartes, Hegel e Husserl e Heidegger; que tiveram influências cruciais para o pensamento de Sartre no que concerne a seu modo de investigar a consciência, marcado, sobretudo pela preocupação com a intencionalidade, assim como a relação da consciência com o mundo.

No próximo capítulo, analisaremos o desenvolvimento do pensamento de Jean-Paul Sartre em suas obras iniciais, que chamamos de pré-ontológicas, dado que antecipam sua obra fundamental da ontologia, *O Ser e o* Nada. Nestas obras da juventude, Sartre defenderá uma visão mais psicológica da consciência, entretanto, sua análise é fundamental à compreensão do todo de sua teoria.

4 – A CONSCIÊNCIA FENOMENOLÓGICA NA PRÉ-ONTOLOGIA SARTRIANA[12]

Neste capítulo, analisaremos a fenomenologia sartriana, enfatizando sua teoria da consciência em suas primeiras obras, que chamamos pré-ontológicas, de modo a apresentar o conjunto da teoria sartriana da consciência desde as suas primeiras pesquisas, para a seguir enfatizarmos a sua ontologia fenomenológica, de modo a abrir caminho à temática da consciência em *O Ser e o Nada*.

Apresentaremos inicialmente a proposta sartriana de uma ontologia fenomenológica, assim como sua crítica à metafísica, em seguida analisaremos suas obras pré-ontológicas, a saber, *A Transcendência do Ego*, *Esboço de uma teoria das emoções* e *O imaginário*, e, por fim, uma breve apresentação de sua ontologia fenomenológica.

4.1 Sartre: Crítica à Metafísica e a Proposta de uma Ontologia Fenomenológica Existencial.

---

[12] O presente texto, foi publicado de maneira adaptada, anteriormente na Revista Theoria (Pouso Alegre) sob o título *A Ontologia Fenomenológica Sartriana da Consciência: Das Obras do Jovem Sartre a O Ser e o Nada*. No v.3, p.10 - , 2011.

A fenomenologia sartriana é muito mais conhecida através de *O Ser e o Nada*, sua ontologia fenomenológica existencial. Entretanto, seus estudos relacionados à fenomenologia principiaram bem antes que escrevesse essa obra.

Apresentaremos um pouco dos seus exercícios e ensaios, através da análise de alguma de suas principais obras, tentando abranger o máximo possível a sua teoria da consciência para melhor entendermos a noção apresentada em sua principal obra, entendendo os momentos de continuidade, assim como os rompimentos que realizou em sua própria teoria.

Sartre realiza, assim como Heidegger, uma retomada da ontologia por meio da fenomenologia, embora com uma abordagem em muito diferente da heideggeriana. Em *O Existencialismo é um Humanismo* Sartre aponta o ponto de partida de seu existencialismo, afirmando que este se encontra na subjetividade do indivíduo e, portanto, no *Cogito* cartesiano como fundamento para a verdade de sua teoria, de modo que

> Não pode haver outra verdade, no ponto de partida, senão esta: penso, logo existo; é aí que se atinge a si própria a verdade da consciência. Toda teoria que considera o homem fora deste momento é antes de mais uma teoria que suprime a verdade, porque, fora deste *cogito* cartesiano, todos os objetos são apenas prováveis, e uma doutrina de possibilidades que não está ligada a uma verdade desfaz-se no nada [...]. Portanto, para que haja

uma verdade qualquer, é necessária uma verdade absoluta. (SARTRE, 1973.p.21)

Com isso, aparentemente Sartre apresenta em sua teoria uma ideia de continuidade em relação a Descartes, no que se refere ao *Cogito;* entretanto o que acontece é uma mudança radical, desde o método utilizado por Sartre para alcançar este *cogito*, a saber, a dúvida hiperbólica que, segundo Bornheim, é substituída pela náusea. Fazendo o mesmo caminho de Descartes, que escreveu o *Discurso do Método* (ensaio), escreverá um romance, *A Náusea*, onde apresentará sua dúvida profundamente mais ampla que a cartesiana; esta abrange não só o conhecimento, como era a daquele, como a todo o sentido da existência humana.

Esta náusea, sem dificuldades pode ser relacionada à angústia de Heidegger, que consistia na experiência vivencial reveladora do sentido do ser. Representa, desse modo um rompimento radical com o pensamento cartesiano, à medida que rompe com o dualismo interno ao homem e sua determinação.

Aparece aqui uma forte ligação a Heidegger por considerar toda a realidade humana em sua concretude de *ser-no-mundo* e, "admitindo a ideia de mundo é que Sartre consegue atribuir ao *cogito* uma dimensão existencial que não se encontra em Descartes. Dessa forma desintelectualiza-se o *cogito* e fundamenta-se a reflexão na consciência não reflexiva" (BORNHEIM. 2005, p.19).

Sendo assim, o ponto de partida de Sartre, nem é puramente o cogito cartesiano, como também não tem por base de sua teoria a simples suspensão dos conhecimentos, muitos menos, pergunta pelo sentido abstrato do Ser; sua pergunta toca a toda a realidade humana, e é sobre esta que recai sua investigação, que coincide com a investigação da consciência, como aquela condição de possibilidade de toda a construção existencial e do próprio projetar humano, enquanto ser *para-si* que busca determinar-se. Sua ontologia dividir-se-á em três momentos: a investigação do ser *em-si*, do *para-si* e posteriormente como consequência deste a investigação do *para-os-outros*.

4.2 O Tema da Consciência nas Obras Pré-ontológicas.

Sartre começa a desenvolver os seus estudos acerca do tema da consciência ainda na juventude, ao se deparar com o pensamento de Edmund Husserl, aqui será analisado um de seus principais estudos sobre o pensamento fenomenológico husserliano, onde ele já começa a desenvolver sua tese sobre a consciência.

Denominadas de pré-ontológicas[13] as obras que antecedem a *O Ser e o Nada*, objetiva analisar o tema da consciência nas obras iniciais,

---

[13]   Embora essa classificação não exista oficialmente, será usado este termo a partir da consideração de que sua obra prima de ontologia é *O ser e o*

tais como, *A Transcendência do Ego, Esboço de uma Teoria das Emoções*, obras nas quais ele se remete constantemente ao tema da fenomenologia e da consciência, sobretudo a husserliana; também referindo-se ainda, a um pequeno opúsculo que será examinado em conjunto com *Transcendência do Ego*, a saber, *Consciência de si e conhecimento de si*, texto de uma de suas conferências.

4.2.1 A Transcendência do Ego.

Em *A Transcendência do Ego*, obra escrita em 1934, ano em que Sartre estudava em Berlim, com o desejo de aprofundar as pesquisas na fenomenologia de Husserl, e publicada em *Recherches Philosophiques*[14] em 1936, fica claro que seu pensamento ainda não se encontrava plenamente elaborado. O que ele realiza nessa obra é um esboço de descrição fenomenológica com o objetivo de defender a hipótese filosófica de que o ego não é um habitante da consciência, como era pensado até então pela maioria dos filósofos, segundo ele: "Nós queremos mostrar aqui que o *Ego* não está na consciência nem formal nem materialmente: ele está fora, *no mundo*; é um ser no mundo, tal como o *Ego* de outrem. " (SARTRE, 1994, p.43).

Para ele, na fenomenologia husserliana, o reencontro com a consciência transcendental de Kant se dá através da *epoché*

Nada, enquanto nas demais aparecem muito mais o Sartre fenomenólogo, além do fato de tomar aqui para análise, sobretudo das primeiras obras deste grande filósofo francês.

fenomenológica, entretanto essa consciência diferirá da de Kant, quanto a não ser mais um conjunto de condições lógicas; agora a consciência será um fato absoluto e sua relação com o Eu de cunho existencial.

A colocação do Eu transcendental, como habitante da consciência, significa a morte da consciência, visto que a consciência é um fato absoluto e consciente dela mesma. Nesse ponto de sua construção teórica, Sartre admitirá uma consciência pura, ou seja, a consciência como um absoluto que é consciência de si mesma, um fenômeno onde sendo e aparecendo se identificam.

Nesse sentido, Sartre afirma que o *Eu* é um existente concreto e se dá por meio de uma intuição, só aparecendo pelo ato reflexivo, ficando assim, ao alcance da redução fenomenológica como unidade de seus estados e ações e sua espontaneidade não pode ser confundida com a da consciência. Para Sartre, o *Ego* é "precisamente, a interioridade da consciência reflectida contemplada pela consciência reflexiva. " (SARTRE, 1994, p.71) enquanto que a consciência, já em concordância com o que afirmará posteriormente em *O Ser e o Nada*, "é um ser cuja essência implica a existência. " (SARTRE, 1994, p.71). Dessa forma o *Eu* não passa de uma forma sintática e vazia e só se revela à consciência à medida que esta o olha.

---

[14]   Revista Francesa de Filosofia, responsável pela divulgação do pensamento de muitos dos filósofos que conhecemos atualmente....

A mudança que Sartre propõe em relação a Husserl é a substituição do *Ego* transcendental por uma consciência transcendental, sendo que agora este *Eu* (*moi*) passa de proprietário à objeto da consciência. Assim, "A consciência transcendental é uma espontaneidade impessoal. A cada instante, ela determina-se à existência sem que se possa conceber qualquer coisa *antes dela.* " (SARTRE, 1994, p.79. *Grifos do autor*).

Afirma-se toda a anterioridade da consciência e, esta consciência, que é anterior a tudo se descobre extremamente livre e de forma vertiginosa, não esbarrando sequer no solipsismo, deixado de lado à medida que o *Ego* perdeu seu lugar de privilégio, não passando de uma das manifestações da consciência, como Sartre defende na Conferência *Consciência de Si e Conhecimento de Si*[15]; de forma que agora "só a consciência absoluta existe como absoluta" e o meu Eu, não é mais certo que o dos outros para a consciência, é apenas mais íntimo.

Já em *Consciência de Si e Conhecimento de Si* Sartre afirmará a existência da pré-reflexividade no *cogito* que, é condição para o *cogito* cartesiano; é este cogito pré-reflexivo que funda a reflexão e o cogito

---

[15]   A Conferência *Consciência de Si e Conhecimento de Si* foi concedida à Sociedade Francesa de Filosofia na Sessão do dia 2 de junho de 1947; sessão que foi presidida pelo Senhor Parodi, publicada pela primeira vez no Boletim da própria Academia. Aqui analisamos a tradução para o português do Sr. Pedro M. S. Alves publicada pelas Edições Colibri de Lisboa em 1994 acompanhando o texto de *A Transcendência do Ego*.

reflexivo, questões que defenderá ardemente em *O Ser e o Nada* e dos quais falaremos mais claramente quando tratarmos desta obra.

4.2.2 *Esboço de uma Teoria das Emoções e a vivência imediata da consciência.*

Em *Esboço de uma Teoria das Emoções*, Sartre aparece muito mais próximo das preocupações psicológicas do que das preocupações filosóficas, principalmente quando analisando os posicionamentos em relação à psicologia de Husserl; além de um estudo cuidadoso de diversas teorias das emoções, dedicando um primeiro momento à análise das teorias clássicas e o posterior à teoria psicanalítica, para só ao final oferecer sua própria contribuição, em forma de um esboço de uma teoria fenomenológica da consciência.

Para ele, a consciência não pode ser explicada simplesmente por meio dos hábitos, como vinha sendo aceito até então; muito menos tinha sentido a ideia de que os hábitos nos tornam inconscientes, em resposta à ideia, Sartre oferece o argumento do ato de escrever: "Na realidade o ato de escrever não é, de modo algum, um ato inconsciente; é uma estrutura atual da minha consciência. O que sucede é que o ato não tem consciência *de* si mesmo" (SARTRE, 1965.p.51), o ato não ter consciência de si não me faz inconsciente, segundo Sartre, porque tenho consciência de mim como escritor, embora não o tenha de cada traço realizado por minha mão.

Desse modo, sua afirmação fundamental é a de que uma emoção é uma transformação do mundo, e nesta o corpo é dirigido pela consciência para alterar suas relações com o mundo, alterando assim as qualidades do mundo, de forma que: "para se compreender claramente o processo emocional, a partir da consciência, é preciso recordar esse caráter duplo do corpo, o qual é, por um lado, um objeto no mundo, e, por outro, a vivência imediata da consciência. " (SARTRE, 1965.p.68-9)

Sua conclusão nesta obra, que nos é de fundamental importância ressaltar, é a de que a consciência é consciência *não-tética* de si, assim, sendo vítima de sua própria armadilha, de modo que perpetua a emoção, criando um mundo mágico a partir dessas emoções. Tais conclusões, Sartre considera como contribuições ao desenvolvimento de uma psicologia fenomenológica da emoção.

4.2.3 *A consciência reflexiva: o imaginário e a intencionalidade*

Em *O Imaginário*, uma de suas mais destacadas obras da primeira fase, e que é fundamental à compreensão da temática da consciência, assim como em *Esboço de uma Teoria das Emoções*, aparece um Sartre muito mais psicólogo fenomenológico que filósofo propriamente dito. Nesta obra, ele analisa a relação entre imagem e consciência, como ele mesmo o afirma ao expressar o objetivo da obra: "O objetivo desta obra é descrever a grande função *"irrealizante"* da consciência ou "imaginação" e seu correlativo *noemático*, o imaginário. " (SARTRE, 1976. p.13. Tradução nossa)[16]

Aí ele emprega uma significação para o termo "consciência" diferente da forma como este era empregado até então, além de defender a ideia de que a imagem ou a representação intencional não é um objeto habitante da consciência, mas externo a ela; nomeia assim com o termo "consciência" a todas as estruturas psíquicas, não em seu conjunto, mas nas particularidades concretas de cada uma. Outro fator marcante é a questão da reflexividade da consciência, pois, é pela atitude de reflexão que a consciência revela aquele conteúdo certo, que é a imagem.

A reflexão terá, segundo Sartre, quatro características fundamentais, a saber: a) que a imagem é uma consciência, ou seja, se opõe a ideia de que as imagens habitam a consciência, afirmando que esta é um tipo de consciência do objeto intencionado e, imagem vem a designar apenas a relação entre a consciência e o objeto; b) outro fenômeno captado por Sartre é o da quase observação, fenômeno este que se mostra no fato de nós observarmos os objetos apenas a partir de perfis de tal modo que "para esgotar as riquezas de minha

---

[16]   "El fin de esta obra es describir la gran función "irrealizante" de la conciencia o "imaginación" y su correlativo noemático, lo imaginario." SARTRE. J-P. **Lo imaginario. Psicología fenomenológica de la imaginación.** Buenos Aires.1976. p. 13. Tradução nossa.

percepção atual, seria necessário um tempo infinito." (SARTRE, 1976. p.22. *Tradução nossa*)[17]

Dessa forma, são fundamentais a esse momento os três tipos de consciência que se mostram na percepção: perceber, conceber e imaginar. É neste ponto que defenderá a postura husserliana da intencionalidade, dado que nesse período ele se considera um husserliano, antes de desenvolver o seu próprio caminho, de que a "a intencionalidade está no centro da consciência: é ela que trata de alcançar ao objeto, ou seja, que lhe constitui pelo que é." (SARTRE, 1976. p.24. Tradução nossa)[18] c) outra característica especifica é o fato de a consciência *imaginante* propor seu objeto como um nada, ou seja, toda consciência é consciência de algo estranho a ela própria, desse modo a consciência é pré-reflexiva ou irreflexiva, mas para que essa consciência seja desvendada faz-se necessário um outro tipo de consciência: a consciência reflexiva:

> Toda consciência propõe seu objeto, mas cada uma tem sua maneira de fazê-lo. [...] Este ato pode tomar quatro formas, e só quatro: pode propor o objeto como inexistente, ou como ausente, ou como existente em outro lugar; também se pode "neutralizar", ou seja, no propor

---

[17]　"Para agotar las riquezas de mi percepción actual, sería necesario un tiempo infinito." SARTRE. **Lo imaginario** p.22. Tradução nossa.
[18]　"La intención está en el centro de la conciencia: es ella la que trata de alcanzar al objeto, es decir, que le constituye por lo que es." SARTRE. **Lo imaginario**. p. 24. Tradução nossa.

seu objeto como existente. (SARTRE, 1976. pp.26-7. Tradução nossa)[19]

E é dessa forma que Sartre expressa a relação entre consciência intencional, os objetos e a criação das imagens ou representações e; d) a última das quatro características consiste na espontaneidade da consciência imaginante que encera una consciência não-tética de si - mesma, não possui um objeto, que Sartre resume da seguinte forma: "Se sente consciência de uma a outra ponta e homogênea com as outras consciências que a precederam e às quais está sinteticamente unida." (SARTRE, 1976. p.30. Tradução nossa)[20] Para enfim concluir sua defesa afirmando que a imagem é uma espécie de consciência intencional do objeto.

4.3 A ontologia sartriana: Em-si, Para-si e Para-outro.

A ontologia sartriana é elaborada principalmente em *O Ser e o Nada*, obra que tem como subtítulo *Ensaio de Ontologia Fenomenológica*; a esta obra daremos maior ênfase no próximo capítulo, onde analisaremos o tema da consciência. Entretanto, já aqui

---

[19]   "Toda conciencia propone su objeto, pero cada una tiene su manera de hacerlo. [...] Este acto puede tomar cuatro formas, y sólo cuatro: puede proponer el objeto como inexistente, o como ausente, o como existente en otro lugar; también se puede "neutralizar", es decir, no proponer su objeto como existente" SARTRE. **Lo imaginario**. pp. 26-27. Tradução nossa.

[20]   "Se siente conciencia de una a otra punta y homogénea con las otras conciencias que la han precedido y a las que está sintéticamente unida." SARTRE. **Lo imaginario**. p.30. Tradução nossa.

apresentaremos as noções fundamentais à ontologia sartriana que é fundamentalmente fenomenológica.

Ao se dizer "ontologia fenomenológica", parece-nos inicialmente algo plenamente contraditório e estranho, visto que a fenomenologia é categoricamente *antimetafísica*; contudo a investigação de Sartre se constitui como ontologia à medida que tem como objeto de sua descrição fenomenológica ao ser do fenômeno. Como afirma Cléa Góis "A sua descrição constituirá, por isso, uma "ontologia", porque visará o próprio ser; mas uma ontologia "fenomenológica", uma vez que o ser é a objetividade do fenômeno. "(SILVA, 1997,p.22)

Facilmente se pode encontrar a descrição fenomenológica do Ser na obra de Sartre, dado o que podemos chamar de uma categorização do ser, nas categorias do a) Ser em-si, ou seja, da coisa, esta absolutamente determinada é o próprio ser do fenômeno, daquilo que nos aparece da forma que nos aparece, "não possui um dentro que se oponha a um fora e seja análogo a um juízo, uma lei, uma consciência de si. O Em-si não tem segredo: é maciço." (SARTRE, 1997.p.39). O Em-si é imutável, é a própria coisa; b) do Ser para-si, que é o próprio ser da consciência no sentido em que Sartre apresenta na Introdução de *O Ser e o Nada* "é um ser para o qual, em seu próprio ser, está em questão o seu ser" (SARTRE, 1997.p.35) é mutável, indeterminado, em constante possibilidade de transformação, diferentemente do Ser *Em-si*, o *para-si* não pode ser determinado conceitualmente, visto que é indeterminação, ele é a negação do ser e pode ser relacionado ao modo de ser do homem e da consciência e c) Ser para-outro, ou seja a visão do outro, a própria teoria da alteridade de Sartre onde "o outro surge como mediador indispensável do eu consigo mesmo, porquanto sinto vergonha de mim tal como apareço ao outro." (BORNHEIM, 2005. pp.81-2), pois a forma como apareço para o outro é a de um objeto, pois é dessa forma que se darão todas as relações humanas, entre sujeito e objeto.

O Outro é negação de mim mesmo, mas é à medida que o outro me reconhece que sou e "para me fazer reconhecido pelo outro, devo arriscar minha própria vida. " (SARTRE, 1997.p.307). Assim, o outro em seu ser depende de mim assim como o meu ser depende dele e, mesmo a forma como eu me vejo a mim mesmo, de modo a surgir uma interdependência entre o eu e o outro, embora este sempre me apareça como um estranho.

A compreensão fenomenológica da consciência que apresentamos neste capítulo, desde aquela de Husserl, na qual consiste a base de todo o pensamento fenomenológico, que perpassa pelo *Eu* transcendental husserliano e a conceituação da consciência como aquilo que ela se apresenta, como "consciência de...", ou seja, como consciência intencional, e a compreensão do *Dasein* heideggeriano nos indicam o caminho percorrido provavelmente por Sartre para construir a sua ontologia fenomenológica da consciência, por isso termos analisado o momento anterior a sua formulação propriamente dita, para podermos chegar a sua ontologia.

Nos capítulos que se seguem analisaremos o tema da consciência na obra *O Ser e o Nada*, como também cada uma de suas estruturas imediatas, tais como a presença, a facticidade, o ser do valor e dos possíveis, a *ipseidade*, como também as dimensões da temporalidade até enfrentarmos o problema do outro e a resposta de Sartre ao *solipsismo*, para pôr fim apresentarmos uma dimensão psicológico-ontológica da consciência na psicanálise existencial, de forma a apresentar o melhor possível à teoria sartriana da consciência.

5 - A CONSCIÊNCIA EM O SER E O NADA

A noção de consciência apresentada por Sartre em *O Ser e o Nada* é em muito diferente da defendida nas obras anteriores. Enquanto em suas primeiras obras defendia muito mais uma psicologia fenomenológica da consciência, aqui se desenvolve muito mais uma antropologia fenomenológica da consciência de base ontológica; dado que Sartre começa por apresentar o problema do Nada e da negação que, nos levará imediatamente ao problema da liberdade, que remete ao problema da má-fé enquanto tentativa de fuga de si e da liberdade e, ao mesmo tempo uma fuga desta má-fé para, assim alcançar o problema da consciência, enquanto a condição de possibilidade à liberdade e à má-fé.

Neste capítulo, trataremos de analisar precisamente a noção de consciência afirmada por Sartre em sua obra *O Ser e o Nada*; analisaremos, sobretudo, a segunda parte dessa obra, onde se condensará mais fortemente o tema da consciência, enquanto Ser para-si, e suas estruturas imediatas, tais como a presença, a facticidade, o ser do valor e dos possíveis, como também a temporalidade e a transcendência, além disso, trataremos também da questão do Outro em Sartre, embora de forma mais breve, como também a inserção do tema da consciência na psicanálise existencial de Sartre.

[84]

5.1 A consciência: O Ser *Para-si* e suas estruturas imediatas.

Para entendermos melhor a consciência que é movida pela liberdade e afetada constantemente pela má-fé, se torna de fundamental importância analisar cada uma de suas estruturas imediatas. Antes se faz necessário que percebamos que o Ser *para-si*, ou a consciência, é aquele ser que está em constante oposição ao Ser *em-si*, ou seja, ao ser das coisas materiais.

Enquanto o Ser "*Em-si* não tem segredo: é maciço" (SARTRE, 1997.p.39), ou seja, é uma adequação plena consigo mesmo e pleno de si mesmo, imutável, a consciência por sua vez "não coincide consigo mesma em uma adequação plena. [...] A característica da consciência, ao contrário, é ser uma descompressão de ser." (SARTRE, 1997.p.122). O *Para-si* é o próprio ser do homem, ou seja, aquele "ser pelo qual o nada vem ao mundo" (SARTRE, 1997.p.67), desse modo, a consciência é seu próprio nada; para entendermos melhor tal teoria sartriana, passemos à análise das estruturas imediatas do *Para-si*.

5.2 Presença a Si.

Sartre começa a análise das estruturas imediatas do Para-si, analisando os filósofos que o antecederam nessa investigação e apontando os erros cometidos pelos mesmos, o que ocasionou, segundo Sartre, que eles tomassem caminhos errados, e por isso decide-se por retomar o caminho do cogito pré-reflexivo.

Para ele, Descartes se prendeu a funcionalidade do *cogito* para provar a sua dúvida como método, dando em seguida um enorme salto para uma dialética existencial, sem, no entanto, percorrer um caminho que de fato o levasse a isso, caindo assim num erro substancialista e, é esse caminho que nosso filósofo se propõe a percorrer.

Outro foi o erro cometido por Husserl, que percebendo o erro cartesiano permaneceu apenas no aspecto funcional do *cogito* e em sua descrição, por isso Sartre ousa de fenomenista, de um fenomenismo fraco que "beira a toda hora o idealismo kantiano" (SARTRE, 1997.p.121). Pior ainda, teria sido o erro de Heidegger, que por meio do projeto *ek-stático* dota a realidade humana de uma compreensão de si; entretanto sem a consciência, de modo que o *Dasein*, enquanto realidade humana recai em um Em-si coisista, visto que não se têm a consciência que, para Sartre é a condição de possibilidade da liberdade e da má-fé, condutas fundamentais da existência humana.

Sartre ressalta as diferenças entre o *Em-si* e o *Para-si*, apresentando como *conceito-limite* do primeiro a identidade e a unificação, enquanto que para o segundo, o ser da indeterminação, ser este que não é idêntico a si, ou simplesmente não é, é presente a si, de forma que Sartre afirma: "Desta mesa, posso dizer que é pura e simplesmente esta mesa. Mas, de minha crença, não posso me limitar a dizer que é crença: minha crença é consciência (de) crença." (SARTRE, 1997.p.122).

As coisas das quais tenho consciência, não são simplesmente consciência do objeto, mas enquanto estou consciente do objeto, minha consciência é também consciência da consciência que tenho do objeto; no exemplo da crença, minha crença ao mesmo tempo em que é crença ela é consciência (de) crença, ou seja, consciência e crença são um só ser, de modo que a consciência é em seu ser *reflexo-refletidor*, de modo que chega a negação do si como propriedade do *Em-si*, este é perpetuamente objeto, enquanto o si remete apenas ao sujeito;

> O *si* representa, portanto, uma distância ideal na imanência entre o sujeito e si mesmo, uma maneira de *não ser sua própria coincidência*, de escapar à identidade colocando-a como unidade; [...] enquanto síntese de uma multiplicidade. É o que chamamos de *presença a si*. A lei de ser do Para si, como fundamento ontológico da consciência, consiste em ser si mesmo sob a forma de presença a si. (SARTRE, 1997.p.125)

Dessa forma, o ser do *Para-si*, enquanto presença a si indica, sobretudo, a distância ou a cisão radical entre o si do sujeito em relação ao objeto *Em-si*, não só esta, como também a distância que se instaura no seio do *Para-si*, pois que nem o sujeito é si mesmo. O *Para-si* como presença a si é a própria realidade humana, enquanto projeto de seu próprio nada e como aquele ser único que torna possível o nada vir ao mundo; seu fundamento é o próprio nada.

5.3 Facticidade do Para-si.

O ser do *Para-si* consiste simplesmente em "ser que não é o que é e é o que não é" (SARTRE, 1997.p.128), pelo fato de que é impossível ao homem em sua realidade possuir um projeto de sinceridade, visto que o homem existe enquanto está lançado no mundo, ou seja, abandonado em uma situação, à mercê unicamente de sua própria contingência e, por existir nele, algo do qual ele não é fundamento, impedindo-o assim de ser fundamento de si mesmo, que já está presente na origem de todo *cogito*: a sua presença ao mundo.

É desse *cogito* que deriva toda a percepção da contingência humana; entretanto, essa contingência não pode de modo algum ser entendida como um sentimento de culpabilidade, como em Descartes; não deixa, no entanto, de ser verdade que o *Para-si* se constitui num fato injustificável.

O *Para-si* é um ser necessariamente contingente, enquanto tem como fundamento o nada e fundamenta o seu próprio nada de ser, entretanto, o fato de a consciência fundar seu próprio nada não torna falso que "não pertence à consciência o direito de conferir o ser a si mesma, nem o de recebê-lo de outros" (SARTRE, 1997.p.131) , ou seja, ela só pode fundamentar o seu próprio nada e, não ao seu ser; o ser *Em-si* também não pode fundamentar ao seu ser, visto que seu ser identifica-se com o *si* e, sem que haja uma fissura no próprio ser não pode haver uma fundamentação de si por si mesmo, de modo que quando este tenta fundamentar-se faz surgir uma dualidade, ou seja, cai-se num *Para-si*, pois tornar-se-ia contingente enquanto ser *Em-si*, portanto, fundamento do seu próprio nada. Dessa forma, podemos afirmar com Sartre que "o *Para-si* é o *Em-si* que se perde como *Em-si* para fundamentar-se como consciência.

Assim, a consciência obtém de si própria seu ser consciente e só pode remeter a si mesma, na medida em que é a sua própria *nadificação*" (SARTRE, 1997.p.131), ou seja, se o Ser *Em-si* não pode ser o fundamento de si próprio nem dos outros seres, todo o fundamento do mundo, vem a ele não por outra coisa que pelo *Para-si*.

A facticidade do *Para-si* constitui-se na *factualidade* de sua existência, ou seja, no seu abandono em uma determinada situação, ela "é apenas uma indicação do ser que devo alcançar para ser o que sou" (SARTRE, 1997.p.133) e, o que lhe coloca na facticidade é o simples fato de que está aí e, seu *estar aí* implica que ele está constantemente descobrindo suas motivações em relação a si próprio e a sua liberdade e, o que perpassa todas essas motivações são unicamente a contingência própria da realidade humana; são tais motivações que fazem com ele tenha consciência de sua facticidade como gratuidade total, tendo assim uma única necessidade de fato, que é a de ser fundamento de seu *ser-consciência* ou existência, entretanto sem conseguir justificar a sua presença ao mundo.

5.4 *O Ser do Valor.*

Sartre relembra a cada momento o seu ponto de partida, o *cogito*, e na reflexão sobre o ser do valor, nosso filósofo pretende estender o *cogito* ao campo da moral e critica Heidegger por sua posição em relação ao *Dasein* como projeto de si fora de si, de modo a abandonar o valor fundamental da compreensão enquanto consciência de compreensão de modo que a realidade humana não pode ser simplesmente revelada, mas é constituída de amplas possibilidades, estas, que só serão minhas se minha consciência escapar de si em direção a elas.

O movimento fundamental do *Para-si* se dá por meio da *nadificação* de si, ou seja, da percepção, ou para usarmos uma expressão de caráter mais sartriana, do testemunho da consciência de sua própria falta, assim o *em-si* é expulso da consciência pelo *Para-si* que se recusa a tornar-se *Em-si*. A *nadificação* é, portanto, o vínculo transcendental entre o ser *Para-si* e o ser *Em-si* e, é justamente desse ponto que nosso filósofo apontará uma saída ao *cogito*, pois que o ser só é fundamento de si enquanto falta de ser, esta falta é antes de tudo, própria da realidade humana; é o nada que por ela se revela, visto que, é só no mundo humano que podem ocorrer faltas.

Sartre constitui tal falta como uma trindade: "aquilo que falta, ou o faltante (*le manquant*); aquilo ao qual falta o que falta, ou o existente; e uma totalidade que foi desagregada pela falta e seria restaurada pela síntese entre o faltante e o existente: o faltado (*le manqué*). " (SARTRE, 1997.p.136).

É a falta, portanto que constitui o centro da existência e da realidade humanas dentro do campo dessa tríade que Sartre nos aponta e que a cada instante está envolvida com o *Para-si* e, é justamente na realidade humana e por meio dela que a falta, ou o nada, aparece no mundo, como falta ela já é falta de si mesma.

Para exemplificarmos o lugar ocupado pela falta na realidade humana basta, segundo Sartre, nos relacionarmos ao fato de que constantemente somos movidos pelos desejos e, quando desejamos, só desejamos àquilo que nos faz falta, é ele "falta de ser, acha-se impregnado em seu ser mais íntimo pelo ser que deseja. " (SARTRE, 1997.p.138). Essa falta aparece no *Para-si* no surgimento da negação, enquanto este nega de si certa forma de ser *Em-si*, de modo a perpetuar a realidade humana como seu próprio nada.

A realidade humana enquanto se fundamenta apenas como nada é fracassada e, sobremaneira, por que o que ela busca como falta é o *si* como *Em-si*, ou seja, o *Para-si* anseia-se em alcançar-se como *Em-si-Para-si*, ou seja, um ser em que seria seu próprio fundamento ao mesmo tempo em que mantém a translucidez da consciência sendo coincidência consigo mesmo, síntese esta que é impossível, de modo que "a realidade humana, por natureza, é consciência infeliz, sem qualquer possibilidade de superar o estado de infelicidade" (SARTRE,

1997.p.141) por não poder alcançar-se tal síntese na realidade, nesta só se pode alcançar a consciência concreta que é o sofrimento na situação.

O valor só possui ser enquanto valor, na realidade ele não tem exatamente um ser, seu ser apenas ser valor, ou seja, é um não ser, ser daquilo que não tem ser; ele transcende a toda categoria de ser, é sopro do ser rumo a... pode também ser compreendido como o *si* do *Para-si*, enquanto impregna a este e para o qual ele existe. É ele capaz de conferir a si mesmo ser, tornando-se assim superior ao *Em-si* ao mesmo tempo em que é aquela motivação para a consciência em sua existência; Em resumo, "o valor é o ser que há de ser enquanto fundamento de seu nada de ser." (SARTRE, 1997.p.145) é consubstancial ao *Para-si* e, na unidade *reflexo-refletidor*, de modo que ao resgate do valor pela consciência reflexiva podemos denominá-la de consciência moral.

5.5 *O Ser dos Possíveis.*

É pela falta de ser do *Para-si* que já aparece na facticidade e nos valores que podemos entender em que consiste a relação entre o *Para-si* e o ser dos possíveis; relação esta que desvela toda a realidade humana em seu abandono à situação e em seu anseio de se alcançar como *si* em relação a si mesmo, ou seja, a coincidência consigo mesmo, que nos fará entender claramente a relação entre o faltante e o existente a partir do faltado, por meio da transcendência daquele como um retorno ao existente, de forma que o possível vem a ser em seu surgimento a nadificação do *Para-si*, ou seja, "na medida em que o *para-si* se explica pela privação , ele reclama o possível.

O *para-si* está separado 'por nada' da presença a si que lhe falta e que é seu possível próprio. "(BORNHEIM, 2005.p.61). Dessa forma, o *Para-si* aparece unicamente como impregnado pelo valor ao mesmo tempo em que se projeta rumo a seus possíveis.

Nessa impregnação de valores o *Para-si* ou a consciência só pode tomar duas frente a seus possíveis: uma é a de que os possíveis só existem em relação a nossa ignorância em relação a eles, perdendo sentido à medida que nos desfazemos delas; a outra atitude é a tornar a infinidade de possíveis como objeto do pensamento do entendimento divino, transferindo para a vontade divina a possibilidade de tornar cada possível em realidade.

Entretanto, tais atitudes, respectivamente apresentadas por Spinoza e Leibniz não passam de doutrinamento, visto que "o possível nos surge como uma propriedade dos seres" (SARTRE, 1997.p.149), ou seja, é ele uma propriedade real dos seres, não coincidindo com o pensamento acerca de sua própria possibilidade, de forma que Sartre afirma acerca de sua captação:

> A captação do possível como tal pressupõe um transcender original. Todo esforço para estabelecer o possível a partir de uma subjetividade que fosse o que é, ou seja, que estivesse fechada em si mesmo, acha-se por princípio destinado ao fracasso. [...] O possível é um novo aspecto de nadificação do Em-si em Para-si. (SARTRE, 1997. pp.151-2).

Ou seja, o possível só pode vir ao mundo, semelhante ao nada, por meio de um ser que seja sua própria possibilidade, em outros termos, é somente por meio da realidade humana que o ser dos possíveis vem ao mundo, porque o *Em-si* não tem possíveis, ele é pura identificação consigo, visto que, de qualquer forma que tentemos definir o ser da consciência e da realidade humana, ou seja, do *Para-si*, essa tentativa sempre nos remeterá ao nada ao nada daquilo que ainda não é ou sua própria falta (sede) de ser, dado que o *Para-si* é propriamente aquela falta de coincidência consigo mesmo e, é justamente essa falta de coincidência em que se constitui o possível e seu ser, assim, em resumo, podemos afirmar que "o possível é aquilo que falta ao *Para-si* para ser si mesmo." (SARTRE, 1997.p.154)

E é deste ponto que Sartre faz surgir a temporalidade, enquanto consciência de tempo, assim como a culminância das estruturas imediatas do *Para-si*, que é o circuito da *ipseidade* em sua relação constante com o Eu.

5.6 O *circuito da ipseidade.*

É com o circuito da *ipseidade* em que culmina toda a análise sartreana das estruturas imediatas do Para-si e, ele o faz retornando ao problema do Ego transcendental que analisara em *A Transcendência do Ego*, caminho este também percorrido por nós. Para nosso filósofo, "o Eu não pertence ao domínio do Para-si [...] é Em-si, não Para-si" (SARTRE, 1997.p.155), ou seja, ele é um habitante do mundo externo humano e, não um habitante da consciência, como o defendera Husserl, como já vimos nos capítulos anteriores; o Eu como Em-si simplesmente é, e se é o 'eu' da consciência o é sem, entretanto, ser seu próprio *si*.

Para Sartre, o Eu não é fator determinante para a existência, dado que ele não a determina, o que a determina é o fato de a consciência existir enquanto presença a si, esse é seu primeiro movimento, que antecede o da ipseidade, onde o "meu possível reflete-se sobre minha consciência e a determina como aquilo que é" (SARTRE, 1997.p.156), em outros termos é no circuito da ipseidade que se dá a relação do meu Para-si com a variedade de seus possíveis no mundo, de modo que a pessoa, a ipseidade e o mundo são interdependentes entre si, sem uma não pode haver a outra. Essa relação do Para-si com seus possíveis no mundo, na situação em que se lança, se dá no tempo ao modo de não ser, visto que é justamente no tempo que eles se determinam como meus.

6 – A TEMPORALIDADE DA CONSCIÊNCIA.

A análise da temporalidade, no contexto da obra *O Ser e o Nada*, se constitui num passo intermediário entre as estruturas imediatas da consciência e a sua transcendência. Essa temporalidade vem ao mundo, como o próprio sentido do mundo o vem, por meio do homem e sua realidade, sendo assim, sua análise não pode ser meramente quantitativa ou qualitativa, mas sim uma análise que o abranja como uma totalidade, como afirma Silva (1997, p.61) o tempo "deve ser visto essencialmente no modo como é especificamente vivido por um sujeito determinado. "

O tempo não existe de uma forma geral, mas unicamente como universal, de modo que, Sartre não tenta explicá-lo como algo exterior a consciência, mas como algo interno a ela, de modo a não fazer com o que o *Para-si* recaísse em um *Em-si*, caso aceitasse que a consciência é condicionada pelo tempo.

Sartre, portanto, faz uma redução do tempo, fato exterior a consciência ao qual o homem está inserido, e que Sartre não aceita como tal, a temporalidade, dimensão interior à consciência, para não vir a falsificar o *Para-si* e a sua liberdade, pois a medida que o tempo condicionasse a realidade humana, ela tornar-se ia um *Em-si* e sua liberdade transformar-se-ia em determinismo.

[96]

Sartre analisa, portanto em sua ontologia as três dimensões temporais fundamentais da consciência, passado, presente e futuro, apontando as relações do *Para-si* em relação a estas dimensões "como momentos estruturados de uma síntese original". (SARTRE, 1997.p.158). Síntese esta, que é característica exclusiva da realidade humana, visto que só o homem pode ter um presente, um passado e um futuro. A maior parte do discurso sartriano acerca da temporalidade se baseia fundamentalmente no discurso heideggeriano sobre a temporalidade do *Dasein*[21], aqui o que diferencia Sartre de *O Ser e o Nada* do Sartre de *A Transcendência do Ego*, onde ele seguia Husserl e nem sequer considerava a dimensão do futuro.

6.1 As dimensões temporais.

São fundamentalmente três, para Sartre, as dimensões temporais, as mesmas que no senso comum estamos acostumados, a saber, passado, presente e futuro que devem ser entendidos unicamente a partir de uma síntese original, que do contrário levaria a

---

[21]   Essa ideia é defendida, sobretudo por Gary Cox em sua obra "Compreender Sartre" publicada pela editora Vozes em 2007; ver pp. 52ss. É importante também o artigo de Paola Gentile Jacobelis intitulado "Temporalidade e Liberdade ou da compreensão da realidade humana em o Ser e o Nada. " Publicado em coletânea de vários autores na obra **O Drama da existência: Estudos sobre o pensamento de Sartre**, publicado pela Humanitas FFLCH/USP em 2003.

uma coisificação dos mesmos, fazendo com que assumissem as características de seres *Em-si*.

É só sob o aspecto de síntese que essas dimensões alcançarão sua devida significação. Analisaremos a cada uma dessas dimensões. Passemos, pois a análise fenomenológica dessas três dimensões a que se antecipará à análise ontológica das mesmas.

6.2 *A visão fenomenológica das dimensões temporais*.

A ideia de passado, por exemplo, sempre nos remete a ideia de memória e, para Sartre, isso se constitui em um dos primeiros problemas com que se deparar, dada que a concepção que se tem no senso comum é muito equivocada, por pensar o passado na forma de não ser mais, atribuindo ser somente ao presente. Sartre combate essa ideia ao determinar que "é pelo *Para-si* que o passado chega ao mundo, porque seu 'Eu sou' existe sob a forma de um 'Eu me sou'. (SARTRE, 1997.p.166).

Ataca com isso a filosofia bergsoniana por retomar a ideia do senso comum juntamente com Husserl, entendendo o passado como um não sendo, como também a Descartes, onde o passado aparece sob a forma de um "não seja mais", fechando as portas do presente. Para nosso filósofo, o passado existe enquanto passado deste presente, ou seja, o passado pode até infestar todo o presente, entretanto sem poder sê-lo.

Sartre apresenta ainda sobre o passado duas teses semelhantes entre si e opostas ao mesmo tempo: uma é a de que "eu sou o meu passado" (SARTRE, 1997.p.167), visto que este é um dado interior a consciência, de forma que não posso ter meu passado, eu o sou, em outros termos, ele é a totalidade Em-si que somos, ou acumulamos; aqui não entendido como soma; a outra tese é a de que "não sou meu passado" (SARTRE, 1997.p.169), ou seja, não o sou a medida que não o sou mais, o era.

Em resumo, Sartre afirma que "é na medida em que sou meu passado que posso não sê-lo; é inclusive esta necessidade de ser meu passado o único fundamento possível do fato de que não o sou. [...] o passado dá-se como *Para-si* convertido em *Em-si*." (SARTRE, 1997.p.170-2). O passado é pois a forma de um *Para-si* recapturado inundado do *Em-si*, é o meu passado que me torna um *Em-si* e, é sobretudo após a morte que ele se justificará como um *em-si*. Seu ser nos remete ao presente.

O presente, em oposição ao passado é *para-si*, ou seja, é contingente e, "consiste em ser presente" (SARTRE, 1997.p.174) e, seu ser presente consiste em ser presente ao *Em-si*; é somente pelo *Para-si*, ou seja, pela realidade humana ou a consciência, que o presente vem ao mundo, enquanto é o homem aquele ser único que pode ter presente , passado e futuro e, sua base é a da negação, assim o presente apresenta-se sob a forma de fuga, fuga de seu próprio ser e do que era para um ser que será, o porvir, remetendo-nos, portanto ao futuro.

O futuro é, afirma Sartre, "o que *tenho-de-ser* na medida em que não posso sê-lo" (SARTRE, 1997.p.179), ou seja, é ele enquanto presença a fuga daquilo que não sou, como daquilo que eu era, ou na afirmação de Silva: "O futuro se compreende a partir da privação própria do *para-si*. Pode-se dizer que o futuro funciona como um *em-si*, pois ele brota como possibilidade, embora irrealizável enquanto *em-si*." (SILVA,1997.p.64).

É, portanto, aquele ser já apontado pelo presente, ao qual este foge em busca do porvir, seu ser em relação ao *Para-si* está fora de si mesmo, pois ainda não o é, podemos então afirmar, que ele é o que falta ao *Para-si* para tornar-se *Em-si*, diferentemente de Heidegger, que acentua o futuro, à medida que apresenta o homem com um ser para a morte.

A fenomenologia da temporalidade sartriana resume-se a partir da compreensão de que "o futuro é o ponto ideal em que a compreensão súbita e infinita da facticidade (Passado), do *Para-si* (Presente) e de seu possível (Futuro) faria surgir por fim o *Si* como existência em si do *Para-si*." O que ela aponta é não outra coisa, que a infinitude de possibilidades em que o *Para-si* se constitui na hierarquia de meus possíveis em sua temporalidade original.

6.3 A ontologia da temporalidade e a reflexão.

A ontologia da temporalidade é dividida por Sartre, a fim de facilitar a sua própria investigação, em dois momentos específicos: o primeiro desses momentos é a análise da dimensão estática da temporalidade, enquanto no segundo momento nosso filósofo se debruça na investigação da dinâmica da temporalidade.

Enquanto estética, compreendemos a dimensão da temporalidade que consiste numa ordem consecutiva de fatos que passam para a consciência, nesse primeiro momento Sartre investigará a necessidade dos elementos do *antes* e do *depois* para a temporalidade; no segundo momento em que trata da dinâmica da temporalidade se debruçará na investigação da relação entre esses dois momentos, do antes e do depois, enquanto sucessão de passado, presente e futuro, ou seja, o antes que sempre se tornará um depois e este num porvir futuro que logo será futuro-anterior, é, pois, essa dimensão da temporalidade a do movimento em oposição a estática.

Começaremos a analisar a dimensão estática para em seguida passarmos pela dinâmica para enfim podermos entender a relação da reflexão com a temporalidade e sua dualidade entre a temporalidade original e a temporalidade psíquica.

A dimensão estática da consciência, segundo Sartre, consiste na ordem da temporalidade, que é sucessivamente determinada por um antes e um depois, de forma que permite o *Para-si* a ser o que é, indeterminação, esta que se justifica na justaposição dos momentos, dessa forma a temporalidade nos aparece como uma separação entre as três dimensões *ek-státicas* do tempo, entretanto como uma separação que une e aproxima na continuidade do tempo como estrutura da consciência. É dessa forma que Sartre nos apresenta claramente a dimensão estática da consciência asseverando

> Que a temporalidade é uma força dissolvente, mas no âmago de um ato unificador; é menos uma multiplicidade real [...] do que uma quase-multiplicidade, um esboço de dissociação no núcleo da unidade. [...] a temporalidade só pode designar o modo de ser de um ser que é si-mesmo fora de si. [...] deve ter a estrutura da ipseidade. (SARTRE, 1997.p.191-2)

A consciência temporal se dá através da multiplicidade dos momentos e, esta multiplicidade aparece no mundo por meio da realidade humana por meio de sua *nadificação*. Esta *nadificação* nos aponta diretamente que o presente não pode ser ontologicamente anterior ao passado e ao futuro, ele é, no entanto condicionado por estes da mesma forma que os condiciona, confirmando a ordem sintética da temporalidade ao mesmo tempo em que nos aponta a dinâmica interna do tempo na consciência.

A temporalidade em sua dinâmica se justifica e, só existe enquanto há mudança, dado que o tempo não ficar sempre idêntico a si, de forma que o *Para-si* não pode voltar de seu presente transformando no antes, visto que ele próprio já se constitui num depois; assim, o que o Para-si é, o é em meio ao mundo, visto que em seu próprio ser ele traz a mudança e é fuga de si mesmo rumo ao futuro, esta que "é negação da consciência, pelo próprio ato que o constitui como fundamento de seu nada. " (SARTRE, 1997.p.207).

O que podemos considerar como determinante na ontologia da temporalidade sartriana é que ele apresenta uma unidade entre o que é permanente e a própria constituição da mudança necessária à temporalidade, enquanto esta é interior à consciência, esta multiplicidade consiste na própria realidade humana que se temporaliza como temporalidade. Essa unidade original entre a multiplicidade e a permanência na temporalidade nos arrasta para a dimensão intra-consciencial, para a dualidade que marca a reflexão da consciência da temporalidade: a temporalidade original e a temporalidade psíquica.

Antes de tudo, é fundamental que percebamos que Sartre nos faz ver que é a consciência que tem consciência da duração do tempo e, à esta, a temporalidade aparece sob a forma de duração psíquica; este momento, não é outro que o momento da reflexão, na qual o *Para-si* tem consciência de si mesmo e, esta reflexão do *Para-si* exige uma *apodicidade* entre a reflexivo e o refletido, que são o mesmo, separado de si mesmo por um nada de ser. A reflexão consiste num testemunho em relação ao refletido, que se altera a partir desta, fazendo assim que a reflexão consista unicamente num ato de *nadificação* do *Para-si* que se busca ao modo de não-sê-lo, aparecendo a si mesmo como um *quase-objeto* na tentativa de recuperar-se como uma totalidade em relação ao que é e ao que era; dessa forma a temporalidade aparece à consciência como *ipseidade*, realidade histórica fora de si.

Sartre determinará algumas das estruturas psíquicas da consciência em relação a temporalidade; a primeira delas se refere ao *Ego*, que Sartre apresenta nas duas formas gramaticais, do *Je* (o eu) e do *moi* (o eu no sentido de mim, mais íntimo). O psíquico, que equivale a própria categoria do ato cognitivo da consciência em relação à temporalidade e o os objetos, indicação *Em-si* do que o Para-si busca ser por meio de sua consciência refletida e os objetos psíquicos, a própria sombra do *Para-si* refletido, momento em que convivem os três momentos *ek-státicos* da temporalidade.

Há dois modos fundamentais de reflexão: a reflexão impura e a pura, ou melhor, a consequência da purificação desta pela percepção de que a realidade humana é *Para-si*, não podendo jamais realizar-se como o *Em-si* com que se busca. Em resumo, a tese defendida por Sartre é a de que a temporalidade original e a psíquica são idênticas entre si, em relação ao modo de aparecer dos objetos concretos, e não como limite ou regra, entretanto o tempo psíquico é, enquanto a temporalidade original apenas tem o poder de temporalizar. É a purificação da consciência impura que abre o caminho a dimensão transcendental da consciência, o próximo passo da investigação sartriana que seguiremos.

[104]

6.4 A transcendentalidade da consciência.

A temporalidade nos empurra cada vez mais rumo a uma transcendentalidade da consciência, esta, que consiste na relação entre o *Para-si* e o *Em-si* ou o mundo com os seus *istos*; esta relação se funda a partir da intencionalidade da consciência, entendida como, aquele ser, em cujo ser, está em questão o seu ser, sendo que, contudo, este ser, é um outro estranho a si mesmo, fundamentada por nosso filósofo, a partir de uma negação original, que surge no mundo pelo *Para-si*. Segundo Bornheim (2005.p.74) "O novo problema consiste em saber qual é a relação original da realidade humana com o ser dos fenômenos ou com o *ser-em-si*".

Esta relação implica sobretudo, numa relação de conhecimento por parte do *Para-si* em relação aos objetos que lhe aparece no mundo, ou seja, o seres *Em-si* e a forma como aparecem a consciência.

O conhecimento, como esta relação original entre o *Em-si* e o *Para-si* é definido pela díade *reflexo-refletidor*, que constitui o *Para-si* como o fundamento de seu próprio nada. Essa relação entre o reflexo e o refletido se dá por uma interdependência entre os mesmos, de tal forma que "o *refletidor* não existe senão para refletir o reflexo, e o reflexo só é reflexo na medida em que remete ao *refletidor*" (SARTRE, 1997.p.234).

Em outros termos, o reflexo existe apenas sob a forma de presença no que é refletido e, é esta presença que nos remeterá a uma negação radical como presença ao que não se é, ou seja, o *Para-si* só pode ser presença em relação àquilo que ele mesmo não é, assim como a coisa só aparece a consciência do homem como aquilo que ela é, em oposição ao que não é; por exemplo, esta mesa, à medida que o é, não é esta caneta ou aquela cadeira.

O *Para-si* se reflete, na consciência reflexiva, como ser diferenciado através da negação de que não seja determinado ser, dessa se justifica a negação original que constitui fundamentalmente a existência do *Para-si* e, tal negação possui caráter interno, à medida que é o *Para-si* que se nega a si próprio como não sendo outro ser determinado. Sendo assim, já que o *Para-si* ou a consciência não pode ser objeto de conhecimento para si mesmo, temos que determinar que seu único objeto de conhecimento é o *Em-si* que se revela, de forma que Sartre o chama de "pura solidão do conhecido" (SARTRE, 1997.p.241).

Nessa relação entre conhecedor e conhecido; a determinação deste último se dá por meio de uma determinação negativa, a qual nos referimos de forma indireta; o conhecimento a que o *Para-si* tem acesso é acerca da totalidade a que se faz presente, enquanto é ser *presente-ao-mundo,* ou relação as coisas particulares que constituem esta totalidade, ou os *istos,* já que o *Para-si* apresenta-se como uma *totalidade-destotalizada,* ou seja, incompleta e indeterminada, ele é o ser *espacializador* que aparece na temporalidade e dela depende, dado que é no espaço temporal que este ser se realiza seu ser.

A negação vem ao mundo somente por meio do *Para-si*, enquanto este constitui-se como aquela totalidade-destotalizada e se relaciona com os *istos*, onde ele nega que cada isto possa ser um outro, tal relação nos empurra rumo a uma investigação acerca das categorias presentes ao *isto*, tais são, a qualidade e a quantidade, potencialidade e *utensilidade*.

Essas categorias contribuem em muito para que possamos compreender de forma mais profunda o *Para-si*, a medida e, "faz-se anunciar pela qualidade aquilo que não é" (SARTRE, 1997.p.250), ou seja, a consciência anuncia-se como um *não-objeto* tal, ou um *Em-si*, em que constitui-se precisamente a liberdade do *Para-si*; seu modo de relação com os *istos* é de presença a..., está para além do ser, é, pois de exterioridade, de forma a possibilitar que a falta apareça a consciência.

Diante da negação e da falta, a reação do *Para-si* é de fuga do passado que é rumo ao porvir que é e, este porvir é que determina àquele passado todo o seu sentido, portanto, é no seu passado que "o *Para-si* fundamenta-se no *Em-si*" (SARTRE, 1997.p.274) e, é no presente que o *Para-si* se constituiria como presença ao ser, enquanto futuro seria simplesmente a possibilidade de continuidade da presença a um *Em-si* para além do *Em-si* real.

É justamente essa possibilidade que nos aponta constantemente para a transcendentalidade da consciência e, esta transcendentalidade não é outra coisa, que o conhecimento, em relação ao qual Sartre admitirá alguns pontos em relação tanto ao idealismo como ao realismo; em relação ao idealismo, Sartre admite que o *Para-si* é conhecimento do ser, entretanto este conhecimento possui o seu próprio ser, ele inverte a posição idealista ao afirmar que o conhecimento se reabsorve no ser, não sendo nem um atributo ou acidente em relação a este, dado que só existe ser; em relação aos realistas Sartre admite que a consciência é presente ao conhecimento e que o *Para-si* nada agrega ao *Em-si*, a não ser que exista como *Em-si*.

Esta percepção nos lança para um problema mais grave, dado que só existe "o ser e, fora disso, nada" (SARTRE, 1997.p.286) e nossa consciência tenta captá-lo, não encontrando, entretanto, nada além de si, nos remetendo-nos assim, para a existência do outro e a meu ser *Para-outro*, questão que ora analisaremos.

6.5 O Outro e o problema do solipsismo.

A noção do *Ser-para-outro*, a qual a dimensão transcendental da consciência nos lançou, nos aparece em primeiro lugar devido ao fator ontológico da vergonha, que sinto ante o olhar do outro em relação a mim, este outro "é o mediador indispensável entre mim e mim mesmo: sinto vergonha de mim tal como apareço ao outro" (SARTRE, 1997.p.290), visto que a vergonha consiste numa espécie de reconhecimento de que sou como sou visto pelo outro, dessa forma o outro me permite compreender e apreender, à medida que o enfrento, determinadas estruturas originárias de meu próprio ser.

Essa afirmação nos põe diante um outro grande problema: o do *solipsismo*, ou seja, da minha existência e sua relação com a existência do outro, questão que foi tratada muitas vezes ao longo da história da filosofia, segundo Sartre, de forma errada.

Para Husserl, por exemplo, este ser seria apenas uma categoria que me permitiria constituir um mundo e não um ser realmente existente; em Hegel, este ser seria indispensável ao surgimento de minha consciência em relação ao mundo, em relação a que Sartre o acusa de pecar por um duplo otimismo, do ponto de vista epistemológico como ontológico, entretanto é nele que poderemos encontrar mais semelhanças com Sartre, a partir do conflito como fundamento das relações; já Heidegger considerou que o ser do outro seria característica essencial a meu ser; o problema de Heidegger, segundo Sartre, é que lhe falta um fundamento das relações intersubjetivas o que faz com que Sartre retorne, mais uma vez, ao *cogito* cartesiano como ponto de partida de sua investigação em relação ao encontro com o outro.

O encontro com o outro se dará, sobretudo através do olhar, esse olhar que me faz encontrar-me comigo mesmo, à medida que olho o *outro* na situação em que se encontra e não posso desintegrá-lo da mesma, mas o *outro* é por princípio aquele me olha e, para Sartre, é à medida que sou visto pelo outro que "passo a existir enquanto *eu* para minha consciência irrefletida [...] eu me vejo porque alguém me vê" (SARTRE, 1997.p.335).

Dessa forma a pessoa se faz presente à consciência enquanto é possibilidade de objetivação pelo outro, em outros termos, tenho consciência de mim à medida que escapo de mim mesmo e do olhar do outro, ou melhor, é a medida que olho o outro que me olha e percebo que por trás daquele olhar há uma consciência e, é este olhar que me revela que não sou somente um corpo material, mas que também sou consciência e a vergonha que sinto nada mais é que uma confissão de que sou como o outro me vê, podendo até encobri-la com a má-fé[22]; entretanto, o outro sempre estará a me ameaçar, visto que, é no conflito que se encontra o sentido das relações entre eu e o outro. Eu, à medida que sou um *Para-si* sou também para o outro, porque o outro me vê.

Pelo fato das relações se fundarem no conflito, a investigação sobre o *para-outro* leva Sartre a fundar uma ontologia do corpo, dado que é, sobretudo a partir do olhar, que mira antes de tudo o corpo, que principiam as relações e é por ele que "temos acesso a facticidade radical que caracteriza o *para-si*" (BORNHEIM. 2005. p.98).

---

[22]   A má-fé, para descrevermos, seria o que o próprio Sartre afirma para uma descrição simplória em O Ser e o Nada: "é mentir a si mesmo [...] na má-fé, eu mesmo escondo a verdade de mim mesmo", é uma forma de mentira de si a si mesmo, que "exige que reunamos em uma mesma consciência o enganador e o enganado, o ilusionista e o iludido", como afirma bem Burdzinski. Ver mais em SARTRE, **O Ser e o Nada**. Op.cit, p.94ss e BURDZINSKI, J.C. **Má-fé e Autenticidade.** Ijuí, ed.UNIJUI, 1999, p.37ss.

Tal ontologia Sartre funda em três dimensões fundamentais, a saber, o corpo como *para-si*, ou seja, a facticidade do *Para-si* frente a suas próprias possibilidades, o *corpo-para-outro*, ou a relação do outro comigo enquanto me olha e conhece o meu corpo, e a terceira dimensão que se refere ao fato de que "existo para mim como conhecido pelo outro a título de corpo." (SARTRE, 2000.p.441), onde respectivamente nosso filósofo investigará a constituição ontológica do corpo de modo a afirmar que "O *Para-si* deve ser todo corpo e todo inteiro consciência: não poderá ser unido a um corpo.

Similarmente, o *ser-Para-outro* é todo inteiro corpo; [...] nada há por detrás do corpo" (SARTRE, 2000.p.388), ou seja, todo ele é ao mesmo tempo *para-si* e *para-outro*, de modo a não sustentar nenhuma espécie de dualismo; o *corpo-para-outro* é radicalmente diferente do meu, à medida que não é o meu próprio, é assim facticidade da transcendência-transcendida e na análise do olhar Sartre determina que é somente a partir da análise da realidade corpórea que podemos desvendar as relações com os outros.

Tais relações com o outro, em sua concretude, se dão sempre de forma negativa e, só podem ser de dois tipos, ou de amor, que poderíamos chamar de relação de assimilação, ou de ódio, em outros termos, relações de objetivação. Para o primeiro tipo, a preocupação é o amor e a unidade, é uma tentativa de assimilar a consciência do outro através de minha objetividade para ele, enquanto que para o segundo, a preocupação está no enfrentamento de liberdades, o que faz que tal tentativa seja fadada ao fracasso.

Dessa forma, com Sartre podemos concluir que "a essência das relações entre consciências não é o *Mitsein*, mas o conflito" (SARTRE, 1997.p.531), concluindo, em relação ao *solipsismo* que só me reconheço à medida que o outro me reconhece. É a partir dessa análise do *Para-outro*, que Sartre se percebe remetido mais uma vez para as relações entre *Em-si* e *Para-si*, que agora analisa a partir de um outro ponto de vista, o da Psicanálise existencial; acompanhemos, pois esse caminho, analisando o papel da consciência na psicanálise existencial e o fenômeno da liberdade na realidade humana.

6.6 A consciência na psicanálise existencial e a liberdade.

Nas relações com o outro o homem se descobre em sua realidade como liberdade em seu próprio ser, de modo que se torna fundamental o estudo da liberdade, que consiste na própria análise do *Para-si*, dado que "a realidade humana é livre porque não é o bastante, porque está perpetuamente desprendida de si mesmo, e porque aquilo que foi está separado por um nada daquilo que é e daquilo que será" (SARTRE, 2000.p.545), ou seja, o homem não é si mesmo, mas apenas presença a si em sua liberdade que é seu próprio ser, ou seu nada de ser; esta liberdade é constantemente acompanhada pela vontade, que em seu ser pressupõe "o fundamento de uma liberdade originária para poder constituir-se como vontade" (SARTRE, 2000.p.548).

Dessa forma, a liberdade, para Sartre, é algo que está em questão em meu ser enquanto o fundamento dos meus objetivos e, está tão intrinsecamente ligada à consciência de modo a podermos afirmar que se circunscrevem reciprocamente, dado que a própria consciência afasta de si qualquer possibilidade de determinismo, sendo que um estudo da liberdade deve sustentar-se numa liberdade originária e ontológica.

A liberdade aparece como uma totalidade não analisável dos motivos, móveis e fins, que consiste precisamente nas escolhas fundamentais do sujeito, escolhas estas que não são instantâneas, como queria Husserl, mas que é idêntica mesma à consciência que temos de nós, é por si mesma contingência, de modo que o homem está condenado a ser livre, ou seja, a escolher-se a si, enquanto escolhe o mundo, é puro ato consciente; de modo que Sartre consegue com isso, negar toda a possibilidade de um inconsciente.

A partir disso podemos determinar que em Sartre é pela situação que o *em-si* se transforma em motivo, de modo que à liberdade ao tornar-se autonomia de escolha e, não ser instantânea temporalizando-se na consciência, estende o próprio tempo, de modo a escolher o seu projeto original, que, no entanto pode mudar ao longo do tempo, determinando assim o instante como, um começo em relação a um projeto passado e um fim em relação ao novo projeto. Para aprofundar tal análise Sartre passa a estudar o Fazer e o Ter fundando sua psicanálise existencial de cunho ontológico fenomenológico.

Na psicanálise existencial, seu principal objetivo é questionar o fim mesmo a que o homem busca; faz, portanto, duas exigências para poder alcançar a pura concretude ou o impulso do sujeito rumo a seu fim, a saber, um verdadeiro irredutível evidente e que produzisse em nós uma satisfação, além de exigir que o ser não se dissolva na poeira para descobrirmos sua unidade em seu projeto concreto, "que não poderia ser senão o segredo individual de seu ser no mundo" (SARTRE, 2000.p.690).

À medida que o homem é propriamente falta de ser e desejo de ser, de modo que o *Para-si* deseja se *Em-si-para-si*, de modo que se projeta como esse possível, de modo que Sartre afirma "que o homem é o ser que projeta ser Deus", enquanto a máxima consideração de Sartre em relação a este é que seja um *Em-si-para-si* contraditório. A psicanálise existencial é tão flexível quanto à própria realidade humana, sendo que visa a descoberta da escolha original do sujeito, determinação esta que é o próprio ser da consciência, é a própria intuição final do sujeito.

Dessa forma podemos chegar ao final de nossa investigação acerca da temática da consciência em *O Ser e o Nada* de Jean-Paul

Sartre, ao percebermos que esta consiste num apelo de ser, desejo de ser *Em-si-causa-de-si* pelo *Para-si*, que se constitui simplesmente como falta de ser para si mesmo, enquanto é fundamento de seu próprio nada de ser e, enquanto é o ser *em-si* que se constitui como objeto fundamental da consciência.

O *Para-si*, ou a realidade humana, é antes de tudo *nadificação* do ser em si mesmo, à medida que basta uma pequena cisão para que este caia em desordem total, ocasionando uma tentativa de fundamentar-se, recaindo num *Para-si*, que como consciência é projeto de sua própria fundamentação para alcançar uma superioridade ontológica, a saber, de ser *Em-si-Para-si*, ou seja, um *Em-si-causa-de-si*; projeto plenamente fadado ao fracasso.

Podemos perceber a partir disso, o primado fundamental da consciência frente a toda a filosofia teórica de Jean-Paul Sartre, à medida que é a consciência que abre a possibilidade para que o sujeito assuma a sua liberdade do ponto de vista existencial, a que ele está perpetuamente condenado.

Esta mesma consciência se fará fundamental a toda a busca humana de realizar-se e tornar-se um Ser *Em-si-Para-si*, ou seja, um ser *autossuficiente*, mas ao mesmo tempo consciente, o que para Sartre é plenamente contraditório, de forma que afirma que tal busca está perpetuamente fadada ao fracasso, pois o homem é necessariamente um *Para-si* e, do ponto de vista da ontologia da consciência é impossível se tornar um *Em-si-Para-si*.

CONSIDERAÇÕES FINAIS

Consideramos como ideia fundamental que emana deste trabalho, a do primado absoluto da consciência frente toda a filosofia sartriana, dado, que este tema é um dos que recebem mais destaque, do ponto de visto da reflexão ontológica, ao longo de todas as suas obras, sobretudo as de cunho filosófico, embora ele se refira a tal questão de forma mais pratica e existencial em outras de suas obras, não-filosóficas. Depreendendo-se também tal manifestação de centralidade desde suas primeiras obras, que chamamos de pré-ontológicas, dada também a anterioridade destas à obra considerada central para o pensamento do filósofo francês Jean-Paul Sartre, a saber, *O Ser e o Nada, Ensaio de uma ontologia fenomenológica,* obra o autor estabelecerá toda a sua teoria da consciência e da liberdade.

Quando nos dispusemos a pesquisar tal temática tínhamos plena consciência do seu nível de dificuldade, de modo que assumimos como um grande desafio, o de mergulhar na obra do filósofo francês, de modo a extrair dela o havia de fundamental acerca da temática da consciência para desenhar esse trabalho.

Outro dado de importância crucial foi à análise da temática, não só em relação à obra de Sartre, como também partindo da análise dos autores que foram de fundamental importância para todo o desenvolvimento de sua pesquisa, e, cuja compreensão se mostra de fundamental importância para que se possa compreender como se deu o processo de evolução e desenvolvimento da temática da consciência no que se refere à pesquisa filosófica, assim como na teoria sartriana.

Na filosofia sartriana, podemos perceber a importância e o espaço que é ocupado pela teoria da consciência, tema que, juntamente com a temática da liberdade perpassa toda a sua vasta obra e, da fundamental importância de se compreender este tema central para se poder mergulhar de forma definitiva no pensamento do autor, dado que é a temática da consciência que tudo está interligado, como se fosse ela a grande coluna vertebral da obra do autor. Podemos assim afirmar, que a consciência, é aquilo que torna possível ao homem e ao sujeito a possibilidade de reconhecer-se e construir-se a partir de seus projetos existenciais.

Aponta para outros novos rumos que toma a filosofia de Sartre, e que pretendemos analisar posteriormente. Dentre os quais podemos destacar uma maior análise da temática da consciência tanto do ponto de vista da fenomenologia, visto que aqui nos detivemos a analisar, sobretudo a parte ontológica de sua reflexão, como do ponto de vista existencial e moral que permeiam a obra do autor, sobretudo no que se refere a relação com o outro e o seu primado ontológico, assim como também um maior aprofundamento de uma questão chave em *O Ser e o Nada*, a saber, a questão da relação entre a consciência e o nada, que não nos foi possível analisar profundamente neste trabalho, dada a profundidade e polemica que sempre gera a temática da consciência no pensamento de Sartre, dada, sobretudo a sua complexidade.

REFERÊNCIAS BIBLIOGRÁFICAS

ABBAGNANO, Nicola. Dicionário de Filosofia. São Paulo: Martins Fontes, 1999. pp. 185-188.

ALQUIÉ, Ferdinand. **A Filosofia de Descartes.** Lisboa: Editorial Presença; São Paulo: Martins Fontes, 1980.

ARISTÓTELES. **Acerca del Alma.** Tradução: Tomás Calvo Martínez. (s/l): Psikolibro. (s/d). Disponível para download em http://www.bibliotheka.org. Download em 15 de junho de 2007.

BORNHEIM, G. **Sartre: metafísica e existencialismo.** São Paulo: Perspectiva, 2005.

DARTIGUES, André. **O que é a Fenomenologia?** 3.ed. São Paulo: Moraes, 1992.

DESCARTES, R. **Discurso do método; Meditações.**2.ed. São Paulo: Abril Cultural, 1979. (Coleção *Os Pensadores.*)

GILES, T. Ransom. **História do Existencialismo e da Fenomenologia.** São Paulo: EPU e EDUSP, 1975. (Vol. I.)

HEGEL, G. **Fenomenologia do Espírito.** 2.ed. Petrópolis: Vozes, 1992.

______, **Princípios da Filosofia do Direito.** Lisboa: Guimarães Editores. 3.ed.1986.

HEIDEGGER. M. **Ser e Tempo.** 2.ed.Petrópolis: Vozes, 1988. (partes I e II)

HUSSERL, Edmund. **La Idea de la Fenomenologia.** Disponível para download em http://www.bibliotheka.org.

HUSSERL, Edmund. **Meditações Cartesianas**. São Paulo: Madras, © 2001.

IBER, C. **Mudança de Paradigma da consciência para o espírito de Hegel**. In. CHAGAS, E. Comemoração aos 200 anos da "Fenomenologia do Espírito" de Hegel. Fortaleza: Edições UFC, 2007. (*Serie Filosofia*) pp.65-82.

INWOOD, Michael. **Dicionário Hegel**. São Paulo: Jorge Zahar,(s/d).

KANT, Immanuel. **Critica da Razão Pura**. (s/l): Acrópolis. Disponível para download em http://www.dominiopublico.com.br. Download em 20 de maio de 2007.

LALANDE, André. **Vocabulário Técnico e Critico de Filosofia**. São Paulo: Martins Fontes, 1999.

MOURA, Carlos A. R. **Husserl: intencionalidade e Fenomenologia.** In. Mente □ Cérebro. São Paulo: Ediouro. (*Série Mente, Cérebro e Filosofia*) Vol.5. s/d. pp.6-15.

PLATÃO. **Sofista.** trad. Carlos Alberto Nunes. Versão para ebooksBrasil.com. Disponível para download em http://www.odialetico.hpg.ig.com.br. Download em 10. agosto de 2007.

_______. **Teeteto.** Tradução: Carlos Alberto Nunes. Acropólis. Disponível para download em http://www.bibliotheka.org. download em 10. agosto de 2007.

_______. **Filebo.** Tradução Carlos Alberto Nunes. Acropólis. Disponível para download em http://www.bibliotheka.org. download em 10. agosto de 2007.

SARTRE, J-P. **A Transcendência do Ego** seguido de **Consciência de si e Conhecimento de Si.** Lisboa: Colibri, © 1994.

_______. **Esboço de uma Teoria das Emoções.** Rio de Janeiro: Zahar editores. 1965.

_______. **Lo imaginario. Psicología fenomenológica de la imaginación.** Buenos Aires: Losada, 1976.

________. **O Existencialismo é um Humanismo.** São Paulo: Abril, 1973. (Coleção *Os Pensadores*).

________. **O Ser e o Nada.** 8. ed. Petrópolis, RJ: Vozes, 2000.

SILVA, Cléa Góis e. **Liberdade e consciência no existencialismo de Jean Paul Sartre**. Londrina: Ed. da UEL, 1997.

ZITKOSKI, J.J. **O Método Fenomenológicbo de Husserl**. Porto Alegre: EDIPURS, 1994.

APENDICE

O ego e a consciência: Seria possível uma passagem da psicanálise freudiana á psicanálise existencial de Jean-Paul Sartre?[23]

RESUMO:

Hodiernamente a psicologia está ganhando uma importância cada vez maior, dado que as doenças de cunho emocional, estão se tornando cada vez mais comuns; daí a relevância de uma reflexão psicanalítica em nossos dias, de modo especial a psicanálise contemporânea vem recebendo uma carga enorme de influências vindas do existencialismo. Em nosso trabalho temos como objetivo apresentar uma reflexão acerca da possível alternativa psicanalítica apresentada pelo filosofo francês Jean-Paul Sartre a partir de suas reflexões psicanalíticas e antropológicas, principalmente em obras como *Esboço de uma teoria das emoções*, *A transcendência do ego* e *O Ser e o Nada*, onde diretamente afirma não fundar outra psicanálise, mas apenas apresentar uma outra alternativa possível para a realização de uma reflexão acerca da condição humana, de certo modo tomando a psicanálise de tipo empírica fundada por Sigmund Freud, com a qual relacionaremos sua teoria, visto que este [Sartre] a desenvolve em relação a esta, apresentando para isso suas contribuições e até mesmo algumas divergências, principalmente no que concerne à formação do sujeito. Iniciaremos nosso trabalho por apresentar a psicanálise freudiana a partir de seus conceitos de *ego* e *consciência*, tomando seu esquema de categorias da personalidade: *id, ego* e *superego*, e sua relação com a consciência e com a formação da personalidade do sujeito humano a partir das influências do inconsciente, de modo a

---

[23]   Comunicação de pesquisa apresentada no I Encontro Estadual de Psicologia da Religião – Psicologia Jungiana, diálogo inter-religioso e espiritualidade na Faculdade Católica de Fortaleza – FACAF em setembro de 2007

oferecer os pressupostos para uma melhor compreensão do pensamento psicanalítico de Sartre, que ele afirma se fundamentar em uma compreensão pré-ontológica da realidade humana e também alicerçada nos moldes da fenomenologia de Husserl e Heidegger, onde o sujeito, entendido como Para-si, ou seja, uma totalidade indeterminada *"aquilo que é o que não é e não é o que é"* é visto na sua totalidade e não como uma coleção ou um feixe de conceitos e desejos, ainda que o desejo seja uma parte integrante do projeto fundamental, e o *ego* é considerado como um existente na forma de *Em-si* que é fruto do trabalho reflexivo da consciência absoluta. Dessa apresentação passaremos a demonstrar a relação entre as duas metodologias e as críticas de Sartre à psicanálise freudiana. Destacaremos alguns pontos de convergência, tais como a historização perpétua do homem, a consideração da inexistência de dados primordiais além de alguns aspectos objetivos de seus métodos; como também algumas divergências principalmente no que concerne à construção do sujeito, para Sartre essa construção se daria somente no presente, de forma totalmente livre de determinismos e de qualquer ideia que pudesse prender o homem de alguma forma – inclusive a ideia de Deus, que simbolizaria o projeto de ser absoluto a que o homem busca para anunciar-se como ser *Em-si-para-si*, ou seja, ser consciência *Em-si* para si mesmo – e ao mesmo tempo consciente, apesar do projeto fundamental e de mecanismos como a má-fé que Sartre identifica com o exercício do inconsciente freudiano; enquanto para Freud a formação do sujeito determinar-se-ia nos primeiros anos de vida, esse período marcaria toda a trajetória do indivíduo por meio dos traumas que se depositariam no inconsciente, parte fundamental de sua teoria, além de muitos outros aspectos. Enquanto o método freudiano visava uma determinação do sujeito por meio dos dados fornecidos por este, o método sartriano visa desvelar a significação fundamental do projeto do sujeito, o seu segredo individual, único para cada sujeito.

Palavras chave: **Consciência, ego, psicanálise.**

A psicologia contemporânea vem recebendo uma carga de influências muito grande advindas do existencialismo e especificamente na forma que hoje chamamos psicologia fenomenológica, inspirada no método fenomenológico fundado por Edmund Husserl e desenvolvida posteriormente por outros filósofos, como Heidegger e Sartre, este que tomaremos de forma especial em nossos estudos, pela percepção de que tem uma grande relevância para a academia uma reflexão psicanalítica a partir de Sartre e de sua relação com a teoria de Freud, visto que estes são os grandes baluartes, um da psicanálise empírica e o outro da fenomenológica existencial.

Temos como objetivo em nosso trabalho analisar a possibilidade de uma passagem da psicanálise de tipo freudiana à psicanálise existencial de Sartre, que antes de ser uma teoria fechada, se apresenta apenas como uma alternativa possível, ao que o próprio Sartre chamou de determinismo freudiano, alternativa essa que vai apresentando aos poucos, desde o início de sua vida acadêmica, com *A transcendência do Ego* até suas últimas obras, dentre as quais cabe destacar a *Crítica da Razão Dialética*, considerada por muitos como uma obra totalmente política e diferente de todas as outras, no entanto o que será feito nessa obra é uma análise do homem 'em situação', que Sartre considera o seu objeto de estudo, seria como que um coroamento de sua psicologia. Sartre irá construir sua teoria a partir de suas reflexões antropológicas, tanto na filosofia como nas obras literárias, e de seus estudos sobre a psicanálise com seus problemas e consequências. Para melhor entendermos como Sartre constituirá seu pensamento psicanalítico apresentaremos brevemente a teoria de Freud, principalmente no que concerne ao seu triplo esquema da personalidade formado por *id, ego* e *superego* e a relação que estes conceitos têm com a consciência e com a formação da personalidade do sujeito humano a partir das influências que este sofre por parte do inconsciente.

Antes de entramos no esquema freudiano propriamente dito, vejamos o que este afirma nos *Esboços de psicanálise* sobre sua teoria e a importância desta:

> "A psicanálise faz uma suposição básica, cuja discussão se reserva ao pensamento filosófico, mas cuja justificação reside em seus resultados. Conhecemos duas espécies de coisas sobre o que chamamos nossa psique (ou nossa vida mental): em primeiro lugar, seu órgão corporal e cena de ação, o cérebro (ou sistema nervoso) e, por outro lado, os seus atos de consciência. " □ (Freud, 1978, p.199)

A partir dessa suposição básica de Freud é que muitos consideram seu pensamento, não científico, como ele o pretende, mas filosófico, no entanto neste trecho ele atesta o caráter empírico de sua teoria ao afirmar que a justificação dela se encontra nos resultados que produz. Quanto ao esquema básico de estruturas da personalidade, Freud o formulará após muitos estudos e uma reelaboração de sua primeira divisão em consciente, pré-consciente e inconsciente, dos quais o mais importante já seria o inconsciente, onde Freud centra toda a elaboração de sua teoria.

O *Id*, seria o responsável pela transmissão dos instintos hereditariamente, corresponderia a uma espécie de *"reservatório dos instintos e da libido [...] diretamente relacionado à satisfação das necessidades corporais"* □ (Schultz, 2006, p.50), seria totalmente dominante na criança através dos instintos que buscam as necessidades inatas do ser humano, seria referente ao inconsciente da primeira divisão, e com o tempo daria origem a uma outra estrutura que Freud chama de *ego*, estrutura que ele relaciona com o pré-consciente da primeira divisão, este seria a parte responsável pela relação do *Id* com o mundo por meio de um sentido de autopreservação que evita a ansiedade buscando um melhor método para a satisfação; uma ação do *ego* para ser efetiva, deveria agradar ao *Id*, ao *superego* e à *realidade*. A outra estrutura da personalidade seria o superego, a parte consciente, consequente das influências sociais na personalidade do indivíduo, principalmente vindas da família, traumáticas ou não, e que ficariam armazenadas no inconsciente do sujeito.

□   Freud, Esboço de Psicanálise, 1978, p.199 (Os Pensadores)
□   Schultz, D. e Schultz, S. E. Teorias da Personalidade, 2006, p.50

Deste modo a consciência para Freud seria um modo de controle construído através dos traumas, teria, portanto, um papel secundário na formação da personalidade; seria uma parte do superego que controlaria as atitudes do sujeito com base no que estivesse armazenado em sua memória como fatos positivos ou negativos ou traumas consequentes de punições ocorridas na infância e que estariam armazenados no inconsciente. Assim a constituição do sujeito humano para Freud estaria centrada no inconsciente e o consciente estaria de certo modo a serviço do inconsciente. Vejamos o que afirma Maria Aparecida em sua tese de doutoramento:

> "A consciência não coincide com a organização que Freud denomina de eu. Antes constitui uma ínfima porção das operações psíquicas, suposta como um dispositivo com duas funções básicas: emitir sinais que deverão informar o eu quando se estiver diante de uma percepção ou de uma representação; receber os sinais referentes à serie prazer-desprazer" (Montenegro, 2002, p.106).

Na psicanálise freudiana seria papel do analista tirar o paciente da ilusão que o ameaça e mostrar-lhe que o que ele toma por uma vida nova e real é um reflexo de seu passado, o que demonstra certo determinismo na formação do sujeito, formação esta que se daria até por volta dos seis anos de idade, a partir daí a vida do sujeito passando a ser consequência desse período inicial. Teria um papel muito importante nessa formação do sujeito, a sexualidade que daria origem no futuro à maioria dos problemas psíquicos.

Passemos, então a uma análise do pensamento psicanalítico de Sartre, comecemos por sua reflexão acerca da realidade humana que *"é livre porque não é o bastante, porque está perpetuamente desprendida de si mesmo, e por que aquilo que foi está separado por um nada daquilo que é e*

Montenegro, M.A. Pulsão de Morte e Racionalidade no Pensamento Freudiano; UFC: 2002.

daquilo que será" (temporalidade)[4]. O homem é, portanto incondicionalmente livre para construir-se a si mesmo e a sua personalidade, e quando se escolhe a si, é responsável por sua escolha que também é uma escolha por toda a humanidade. Sua psicanálise tem como ponto de partida a experiência numa compreensão pré-ontológica e fundamental da pessoa humana, enquanto realidade vivencial e é a partir deste ponto de partida que fará em suas obras literárias uma reflexão na tentativa de decifrar os comportamentos empíricos do homem por uma noção de projeto fundamental que guia o *Para-si* como projeto de si mesmo rumo ao *Em-si* que objetiva ser, ou seja, tenta dar destaque *"a significação fundamental que o projeto comporta e que não poderia ser senão o segredo individual de seu ser no mundo"* (SN, 690), o que significa dizer que não deseja enquadrar o indivíduo em um determinado quadro de teorias, mas descobrir quais as suas buscas e motivações para escolher o que escolhe entre as inúmeras possibilidades que se apresentam diante de si.

Passemos, pois a ideia que Sartre tem de *ego* e que apresenta em *A Transcendência do Ego* que seria a de que

> "O ego não é, diretamente, unidade das consciências refletidas. [...] o Ego é unidade dos estados e das ações – facultativamente das qualidades. Ele é unidade de unidades transcendentes e é ele mesmo transcendente. " □ (Sartre, 1994, p. 59)

Portanto a ideia que Sartre faz de *Ego* é aproximado ao conceito de *Para-si*, que também pode ser entendido por consciência que *"é um ser cujo ser está em questão em seu ser em forma de projeto de ser"* (SN, 691), tem a *"característica invencível de ser acerca de – ou intencionalidade*

---

4   Sartre. O ser e o nada; p. 545. Vozes, 1997. Pela temporalidade Sartre afirma que o homem só é no presente e só pode realizar-se neste. A realidade humana só está livre no presente, está separada de seu passado e de seu futuro por uma cisão de ser que é um nada de ser. Ver também Bornheim, Gerd. *Sartre*, Perspectiva pp.64-72.

□   Sartre, A transcendência do Ego, 1994, p. 59 (Tradução portuguesa)

[...] que estabelece a diferença entre seres conscientes e meras coisas". [1] Essa consciência Sartre divide didaticamente em dois níveis: reflexiva e pré-reflexiva, respectivamente, objetiva, ou consciência de alguma coisa e consciência (de) si, ou seja, só pode ser consciência de si própria. O homem enquanto *Para-si*, sendo *"aquilo que é o que não é e não é aquilo que é"* objetiva ser um *Em-si-Para-si,* ou seja, um ser de tal modo que se possa perceber como tal, é por isso que o homem teria a ideia de Deus, ser *Em-si-Para-si,* em que o homem se anuncia como projeto de *si-mesmo* que almeja alcançar para ser consciência de si para si mesmo, projeto esse inalcançável, mas perpétuo, embora sempre tendente à frustração.

O homem é visto em sua totalidade e não como uma coleção de conceitos e desejos, como no exemplo em que ele [Sartre] usa Flaubert, em que essa unificação que é irredutível do homem é unificação de um projeto original que se revela como um absoluto não substancial, pois não faz sentido, uma redução da pessoa humana à substâncias que pudessem ser constituídas a partir da soma de seus atributos. Para Sartre, em *Questões de método,* o homem se caracteriza pela superação da situação em que vive, ou seja, pelo que ele faz com o que a situação fez dele, e esboçará então o seu método progressivo-regressivo pautado sempre por um momento de superação do sujeito sobre *si-mesmo.*

Esse método que é composto de dois momentos: um que é um movimento dialético, que visa alcançar o que os historiadores alemães chamam de compreensão que visa explicar o ato a partir de sua significação fundamental, este equivale ao momento progressivo; o segundo é o momento regressivo, dado que a compreensão pode ser entendida como totalmente regressiva por sermos *pro-jeto,* que além de superação de *si-mesmo* passa pelas suas possibilidades instrumentais na busca por sua determinação (o homem se determina por seu projeto).

Na nota de rodapé da página 149 de *Critica da Razão Dialética* afirma:

---

[1] Danto. Arthur C. As Idéias de Sartre. Cultrix, 1978, p. 40.

A psicanálise teórica se usa do determinismo, da dialética e do "paradoxo" no sentido kierkegaardiano da palavra. A ambivalência, por exemplo, não pode ser, no momento atual, nem considerada como uma contradição, nem tampouco do todo como uma ambigüidade kierkegaardiana. Segundo o uso que se faz, poderia se pensar numa contradição real, mas cujos termos se interpenetrem, ou, se se prefere, numa contradição sem oposição. Ao que me parece, o que falta aos psicanalistas é a oposição, pelo menos em alguns pontos (por que há conflito dialético entre o Id, o Superego e o Ego).[7]

Através de afirmações como essa se vê Sartre como uma unidade, mais como psicólogo que como filósofo, no entanto, não com uma psicanálise produzida pela experiência clínica, mas pela consideração de ser um homem entre outros homens.[8] No entanto é n'*O Ser e o Nada* que Sartre levantará as principais críticas à psicanálise e é a esta obra que nos reportaremos para apresentar as críticas e as possíveis soluções dos problemas encontrados por Sartre na psicanálise empírica freudiana, entre os quais está o que ao meu ver merece mais destaque que é a crítica ao determinismo e ao inconsciente presente também em outras teorias além da de Freud, critica essa que já está presente em *Esboço de uma teoria das emoções* quando ele se reporta à explicação de que o hábito nos torna inconscientes de atividades como por exemplo o ato de escrever afirmando que este não poderia jamais ser um ato inconsciente por que nunca escrevi as letras nesta mesma ordem em que escrevi este texto, mas sim uma estrutura atual da consciência que não tem consciência de si mesma.

Em *O Ser e o Nada*, *Sartre* levantará suas principais críticas à psicanálise freudiana e, apresenta os pontos que sua teoria tem em comum com a de Freud e os pontos de discordância destas, entre os

---

[7]   Sartre, Critica de la Razón Dialéctica, Editorial Losada, 1963, pp. 149-150. (Tradução nossa)

[8]   Sobre isto ver a obra de Gerassi, John. Jean Paul Sartre: consciência odiada de seu século, Zahar,1990. v.1. e Cohen-Solal, Annie. Sartre. L&PM, 2005.

pontos em comum temos que *"buscam, ambas, uma atitude fundamental em situação que não poderia expressar-se por definições simples e lógicas"*(SN, 697), além disso ambas consideram a condição humana sempre num processo de historização perpétua, ou seja, o sujeito é visto na situação em que está inserido, outro fator de convergência é a consideração da inexistência de dados primordiais como inclinações hereditárias na formação do caráter do sujeito. As principais diferenças ressaltadas por Sartre em sua criticam são o inconsciente, que Sartre assemelhará a uma prática de má-fé, por ser uma tentativa de tirar do sujeito a responsabilidade por todos os seus atos; a psicanálise existencial não reconhece nada que anteceda a liberdade humana.

Como já assinalei anteriormente a psicanálise freudiana determinava a formação do sujeito num processo até a idade aproximada de seis anos, já para Sartre o homem sempre seria marcado pela busca, seria sempre um projeto contingente sujeito a mudanças a qualquer momento, essa busca seria baseada na sua própria falta de ser, naquilo que o homem não é e o analista visaria desvelar a escolha subjetiva de cada pessoa que faz com que ela se anuncie como aquilo que é, o que se busca portanto é uma compreensão de ser expressa nos comportamentos, que cada um é uma expressão reveladora do sujeito como um todo.

O que concluímos, portanto, é que a possibilidade de se passar da psicanálise freudiana à psicanálise existencial de Sartre se encontra na possibilidade da mudança na forma de se olhar para o sujeito e sua condição de existência, passando da consideração de um sujeito passivo em sua formação, para um sujeito em situação que pode construir sua liberdade e autonomia e, portanto também responsável diante de suas escolhas em relação ao mundo e a *si-mesmo* enquanto projeto e escolha de si no mundo e como um sujeito. E isto é singular para cada sujeito.

REFERÊNCIAS BIBLIOGRÁFICAS:

BORNHEIM, Gerd. **Sartre:** metafísica e existencialismo. 3.ed. São Paulo: Ed. Perspectiva, 2005.

COHEN-SOLAL, Annie. **Sartre**. Porto Alegre, RGS: L&PM, 2005.

DANTO, Arthur C. **As Idéias de Sartre.** São Paulo: Cultrix, 1978.

FREUD, Sigmund. **Esboço de psicanálise.** São Paulo: Abril Cultural, 1978. (Coleção *Os Pensadores*)

GERASSI, John. **Jean-Paul Sartre:** consciência odiada de seu século. Rio de Janeiro, RJ: Zahar editores, 1990. V. 1.

MOTENEGRO, M. A. **Pulsão de Morte e Racionalidade no Pensamento Freudiano.** Fortaleza: Editora UFC, 2002.

SARTRE, Jean-Paul. **A transcendência do Ego.** Lisboa: Edições Colibri, 1994.

_______, **Crítica de la Razón Dialéctica.** 2. ed. Buenos Aires: Editorial Losada, 1963.

_______, **Esboço de uma teoria das emoções.** Rio de Janeiro, RJ: Zahar editores, 1965.

_______, **O Ser e o Nada,** Ensaio de ontologia fenomenológica. Petrópolis, RJ: Vozes, 1997.

_______, **Questões de Método,** 1.ed. São Paulo: Abril Cultural, 1973. (Coleção *Os Pensadores*)

SCHULTZ, Duane e Sydney. **Teorias da Personalidade.** São Paulo: Thomson Learning Edições, 2006.

Mestre em Educação pela Universidad del Salvador – USAL (Arg). Possui graduação em Filosofia - com Bacharelado pelo CNBB - Instituto Teológico-Pastoral do Ceará (2008). e Licenciatura Plena pela Universidade Católica de Brasília - UCB; Especialista em Ensino de Geografia e História pela Faculdade Vale do Salgado – FVS, em Ensino de Filosofia e Docência do Ensino Superior pela Faculdade Noroeste de Minas – FINOM e em Gestão Escolar e práticas pedagógicas pela Universidade Cândido Mendes – UCAM. Professor da rede estadual do Ceará desempenhando suas funções atualmente no Núcleo Regional de Desenvolvimento da Escola e Aprendizagem da Crede 02 – Coordenadoria Regional de Desenvolvimento da Educação (em Itapipoca). Foi professor colaborador do Instituto de Formação e Educação Teológica - IFETE e da Faculdade Kurios - FAK. Em filosofia pesquisa principalmente nos seguintes temas: antropologia, complexidade, espiritualidade, existencialismo, fenomenologia, psicanálise, cogito, dúvida, marxismo e emancipação humana e ecologia.
Autor de livros como Coisas da Vida: Poemas(2013).

www.ingramcontent.com/pod-product-compliance
Lightning Source LLC
LaVergne TN
LVHW020337200726
843507LV00012B/2399

9 788859 151272